Heinrich Guggenbiller

Spielraum für die Seele

SELBST-Entdeckungen

Heinrich Guggenbiller

Spielraum für die Seele

SELBST-Entdeckungen

TRIGA\VERLAG

Bibliografische Information Der Deutschen Bibliothek
Die Deutsche Bibliothek verzeichnet diese Publikation in der
Deutschen Nationalbibliografie;

1. Auflage 2004
© Copyright TRIGA\VERLAG OHG
Herzbachweg 2, D-63571 Gelnhausen
www.trigaverlag.de
Umschlag-Bild: ›Der Vogel verlässt das Nest‹ von Brigitte Guggenbiller
Druck: Digital PS-Druck AG, Birkach
ISBN 3-89774-379-5

Inhalt

Vorwort

Wenn wir ein Problem haben, erleben wir uns oft wie eingesperrt im Dunkeln. Aber unser Streben nach Glück bewegt uns, nach Freiheit zu suchen. Etwas in uns ahnt wohl, dass das Leben mehr für uns bereit haben mag, als wie wir im Moment erkennen.

Die folgenden Texte, entstanden aus 30-jähriger Arbeit als Psychotherapeut, möchten dazu beitragen, nicht gesehenen Spielraum der Seele in den Blick zu bekommen: Entdecken, wie ich selbst beteiligt bin an dem, was ich als Problem erlebe.

Durch Aufmerken auf unser Sprechen ergeben sich oft Hinweise, wie wir in das jeweilige Problem geraten. Wenn ich zum Beispiel nicht klarkomme: Hat dies nicht damit zu tun, dass ich mich nicht klar äußere; dass ich nicht klar mit dem herauskomme, was wirklich in mir da ist; vielleicht, weil ich es gar nicht klar wahrnehme?

So wollen die Texte dabei helfen, die eigene Beteiligung am Zustandekommen eines Problems zu bemerken. Durch Gewahrwerden, wie wir an unserem Erleben selber mitwirken, entdecken wir die Möglichkeit zu wählen. Es wird heller, wir gewinnen ein Stück mehr Freiheit.

Mit herzlichem Dank an die Menschen,
die sich mir anvertraut haben.

Orientierungslosigkeit durch Außer-sich-Sein

»Wer das Leben fragte tausend Jahre lang: Warum lebst du? – Könnte es antworten, es spräche nichts anderes als: Ich lebe darum, dass ich lebe. Das kommt daher, weil das Leben aus seinem eigenen Grunde lebt und aus seinem eigenen quillt. Darum lebt es ohne Warum eben darin, daß es für sich selbst lebt. Wer nun einen wahrhaftigen Menschen, der aus seinem eigenen Grunde wirkt, fragte: Warum wirkst du deine Werke? – Sollte er recht antworten, er spräche nichts anderes als: Ich wirke darum, dass ich wirke.
Wo die Kreatur endet, da beginnt Gott zu sein, dann begehrt Gott nichts mehr von dir, als dass du aus dir selbst ausgehst, deiner kreatürlichen Seinsweise nach, und Gott in dir sein lässt.«

Meister Eckhart

Unruhig

Bist du unruhig? Möchtest du Ruhe haben, aber findest sie nicht? Wo suchst du danach?

Lässt du dich selbst in Ruhe? Lässt du gelten, was du bei dir vorfindest, oder kritisierst du das Deinige? Erlaubst du dir zu leben, wie dir danach ist, oder verlangst du anderes von dir?

Erlebst du quälende Unruhe, weil du Bewegung bei dir unpassend findest? Hältst du es für ungut, innere Regungen zu spüren? Kommen solche als Unding für dich gar nicht in Betracht? – Dann bekommst du freilich auch nicht mit, was sich regen will, ob ein Bedürfnis zum Ausruhen, Abschalten oder sonst ein Gefühl oder ein Impuls. Dann leidest du nur unter Unruhe. – Und wenn du gegen Unruhe ankämpfst: Wirst du dadurch ruhiger? Oder ist es dann erst recht aus mit der Ruhe, mit dem Ruhig-strömen-Können von deinem Lebensfluss, weil der Fluss sich staut und sein Andrang nur umso stärker wird?

Unruhe kann schwinden, wenn du Bewegung bei dir akzeptierst. Oder ist es dann noch beunruhigend, Regungen in dir, Leben zu spüren?

Nicht gut drauf sein

Passiert es dir oft, dass du nicht gut drauf bist? Bist du oft übel gelaunt und weißt nicht warum?

Schaust du hin, worauf du *nicht gut drauf* bist, wenn es dir so ergeht? – Es könnte das Pferd deiner eigenen Antriebe sein, auf dem du nicht gut sitzt. Bist du gerade wenig in Kontakt mit dir selbst, mit deiner Energie, wozu diese dich hinlenken will? Ist deine Aufmerksamkeit mehr nach außen gerichtet, was von dort auf dich zukommt? Gerätst du dabei aber in Gefahr, die Zügel deines Lebens aus der Hand zu verlieren, und bist nicht mehr sattelfest?

Wenn du dich nicht gut drauf erlebst, blinkt ein Warnsignal. Es gibt dir die Möglichkeit, jetzt zu prüfen, ob du wirklich bei dir bist oder ob du dich von Fremdem reiten lässt. Gegebenenfalls gilt es, dich dir mehr zuzuwenden, wenn du besser drauf sein willst.

Sich schlecht fühlen

Fühlst du dich schlecht, geht es dir nicht gut?

Ist dies so, weil du körperliche Beschwerden hast? Oder heißt, du fühlst dich schlecht: Es gelingt dir gerade schlecht, dich zu fühlen, dein Gefühl wahrzunehmen? Ist dir unangenehm, deinem Gefühl Aufmerksamkeit zu schenken? Hältst du vielleicht für schlecht, was sich gefühlsmäßig in dir regen will? Befürchtest du, mit Dies-Zulassen würde es dir nur noch schlechter gehen?

– Wenn du den Untergang der Sonne nicht erleben willst, kannst du deine Augen verschließen. Aber wirst du dann ihren nächsten Aufgang mitbekommen? –

Fehlt dir die Erfahrung, dass jeder Gefühlsstrom sich verändert, wenn er fließen darf; dass er dann auch wieder anderes bringt? Hast du deine Gefühle früher nicht alle äußern dürfen; ist es dir damit einst schlecht ergangen? Sind so manche Gefühle dir seither unerwünscht? Kommen sie dir jetzt übel vor, wenn sie sich in deinem Inneren melden? Lässt du auch den Grund für solche Gefühle nicht gelten und fühlst dich dann erst recht mies?

Was fühlst du, wenn du dich schlecht fühlst? Fühlst du, dass du schlecht bist, dass dein Erleben schlecht ist? Oder wirkt es sich schlecht für dich aus, wenn du gegenüber deinem Gefühl auf Distanz gehst? – Du wirst dich besser fühlen, wenn du stattdessen darauf achtest, gut zu fühlen, wie es dir geht.

Ohne Selbstbewusstsein

Erlebst du dich ohne Selbstbewusstsein? Merkst du, dass dir etwas Wichtiges fehlt, und bist unglücklich darüber? Meinst du, dass es immer so bleiben muss?

Wenn du Selbstbewusstsein vermisst, wird dir immerhin bewusst, dass du dich selbst zu wenig im Blick hast. Fällt dir doch auf, dass du das Gewahrsein deiner selbst brauchst, um aufrecht deinen Weg gehen zu können? Neigst du seither dazu, mehr auf andere zu achten? Ist dir nicht vertraut, dass auch du Beachtung verdienst und du dich mit deinem Erleben ins Spiel bringen darfst? Hast du solches als Kind nicht genug erfahren? Hast du dich selbst aus dem Auge verloren?

Wenn du dies jetzt bemerkst, kannst du es für dich verwenden. Du kannst selbst beschließen, neues Interesse dir wieder zu schenken. Verspürst du Lust, dich darin zu üben? Unter solcher Sonne der Achtsamkeit wird dein Selbstbewusstsein erstarken.

Sich ohnmächtig, ausgeliefert erleben

Erlebst du dich ohnmächtig? Ist dies so, weil du jetzt tatsächlich einer Übermacht ausgeliefert bist? Oder leidest du allgemein unter solchem Erleben?

Kommst du dir ohnmächtig vor, weil du nicht die Macht hast, das Außen wunschgemäß zu verändern? Erscheint dir dies als das Alles-Entscheidende? Versprichst du dir Erleichterung für dein Leben nur durch Veränderung im Außen? Erscheint dir bedeutungslos, wie *du* mit der jeweiligen Situation umgehst? Richtest du darauf entsprechend wenig dein Augenmerk?

Und im Konflikt mit jemand: Erwartest du die Lösung von der Änderung deines Gegenübers? Meinst du, dein Verhalten in der Begegnung spielt kaum eine Rolle? Versäumst du, deinen Spielraum beim Geschehen zu nutzen? – Gehst du von alten Erfahrungen aus: Hattest du da selbst wenig zu melden? Blieb dir da nur Hoffen, dass irgendwann Angenehmeres auf dich zukommt?

Wenn du dich jetzt ohnmächtig erlebst, will wohl etwas in dein Bewusstsein kommen: Du entäußerst dich deiner Macht, selbst etwas für dich zu machen, wenn du das Entscheidende immer von Außen erwartest. Du hörst auf, ausgeliefert zu sein, wenn du aufhörst, dich auszuliefern, und dein Leben selbst in die Hand nimmst.

»Es bringt nichts«

Meinst du öfter, es bringt nichts, wenn du etwas tun oder sagen würdest?

Soweit es sich auf dein Tun bezieht: Was müsste dein Tun denn bringen, damit es sich für dich lohnt? Bringt dein Tun schlechthin nichts oder zählt es für dich erst, wenn es Lob und Anerkennung von jemand anders verheißt? Für dich selbst etwas zu tun, erscheint dir dies zu wenig: Nur für dich? Registrierst du nicht, dass du von Aufräumen ein schöneres Zimmer und von Kochen ein warmes Essen bekommst?

Und was dein Reden betrifft: Findest du es umsonst, dich mitzuteilen, dich mit deinen Gefühlen zu äußern? Wo findest du dies? Hast du dabei die Wirklichkeit als ganze im Auge, die fremde äußere und dein eigenes Wohlbefinden? Oder achtest du nur auf das Ergebnis draußen, was deine Äußerung dort bewirkt? – Macht es für dich selbst keinen Unterschied, ob du dir mit deinem Erleben Luft machst oder nicht? – Hat dein Reden vielleicht gerade dadurch draußen wenig Wirkung, weil du aus der Einstellung, es bringt nichts, dich gar nicht deutlich genug vernehmen lässt?

Dein Tun oder Sagen bringt dir weniger oder mehr, je nachdem, aus welcher inneren Haltung es geschieht und was an Wirkung davon du in deiner Wahrnehmung beachtest.

Ausgenützt werden

Kommst du dir ausgenützt vor und leidest darunter; fühlst du dich als Opfer und bist deshalb böse auf jemand?

Wie kann es geschehen, dass du ausgenützt wirst? Bist du ein Gegenstand, der Benutzt-Werden erdulden muss, bis es aus ist? Oder lässt du – unbewusst – doch selbst zu, dass jemand dich ausnützen kann? Gibt es vielleicht auch einen Grund dafür? Brauchst du den, der dich ausnützt, zu irgendetwas? Hast du Angst, ohne ihn nicht leben zu können oder, wenn du ihm nicht nützlich bist, nutzlos zu sein? Erlaubst du ihm, dich zu benützen, weil du meinst, nur so Zuwendung und Wertschätzung zu verdienen? Verzichtest du seinem Willen gegenüber auf dein Nein, weil du befürchtest, sonst könnte er gar nichts mehr wollen von dir? Benutzt du deinerseits ihn, um deinen Ängsten zu entkommen?

Du möchtest jetzt nicht mehr ausgenützt werden? Aber widerstrebt es dir, deinen Anteil daran zu sehen? Suchst du mit der Sicht, ausschließlich Opfer zu sein, moralische Überlegenheit? Meinst du, ohne solche dich nicht achten zu dürfen? – Ausgenützt werden hat ein Ende, wenn du bewusst *auch* darauf achtest, was *dir* nützt.

»Es nimmt mich mit«

Bist du von etwas schlimm mitgenommen? Nimmt dich etwas arg mit, mehr als dir recht ist? Aber kannst du dir nicht helfen?

Weißt du, wovon du mitgenommen bist? Von etwas, das dich selbst tief bewegt oder stark beeinträchtigt? Von etwas, das deinen Nächsten hart getroffen hat und woran du Anteil nimmst? Oder ist dir nicht klar, wovon du so mitgenommen bist und von wo nach wohin mitgenommen?

Wenn du dich widerwillig mitgenommen erlebst, hast du wohl nicht selbst entschieden, wo du sein willst. Passiert es dir vielleicht, dass du dich unabsichtlich von etwas mitnehmen lässt? Verlierst du bei Unerfreulichem in deiner Umwelt dich selbst aus dem Auge? Bekommst du dadurch nicht mit, was sich als Antwort auf das Äußere in dir regt? Findest du dich nur mitgenommen?

Wenn du registrierst, dass dich etwas arg mitnimmt, lohnt es sich zu überprüfen, ob du woanders bist, als wo du von dir aus sein willst. Vielleicht bist du, wie gewohnt, blindlings auf die andere Seite gegangen. Wenn du dies bemerkst und dort nicht bleiben willst, kannst du zu dir zurückkommen. Was du dann bei dir findest, Schmerz, Ärger oder einen Handlungsimpuls, kannst du als das Deinige nehmen und dementsprechend reagieren. Bist du dann noch gegen deinen Willen mitgenommen?

»Es macht mich fertig«

Du sagst, es macht dich fertig: Es, wie jemand anders sich dir gegenüber verhält, oder Es, was sonst geschieht. Wie macht *Es* dies, dass du fertig bist? Und inwiefern bist du jetzt fertig? Meinst du, es ist jetzt aus mit dir?

Oder heißt, es macht dich fertig: Da läuft gerade etwas ab, ein Machen, das du nicht erkennst? Bekommst du nur das Ergebnis mit, dass du wie erschlagen und fertig bist? Aber wirst du dies wirklich durch ein Gegenüber, das dir keinen Spielraum mehr lässt? Oder wirst du handlungsunfähig durch deine Neigung, bei Krach im Außen mit Resignation zu regieren? Macht *Es* dich fertig, weil du nicht merkst, dass du aufhörst, dich weiter zu rühren? Bist du fertig, am Ende, weil du dich selbst stoppst, wenn dir etwas oder jemand in die Quere kommt? Neigst du dann zum Grübeln, warum ausgerechnet dir die Unbill widerfährt? Bringst du dich selbst vollends zur Strecke damit, dass du dir anhängst, nur wegen deiner Person käme das Unangenehme?

Solange du meinst, dass *Es* dich fertig macht, bist du dir deiner selbst wohl nicht genügend bewusst. Durch darauf Achten, nach welchem Handeln dir angesichts von Leidigem eigentlich ist, wirst du dich selbst kraftvoller erleben. Statt dass etwas anderes dich fertig macht, wirst du deinerseits mit allem besser fertig werden.

Nachtragend

Bist du nachtragend? Geht es dir damit gut? Oder hindert dich das Nachtragen, offen zu sein für das, was jetzt vor dir ist? Bist du verbittert beim Nachtragen, aber siehst keine andere Lösung?

Was trägst du nach? Ist es das, was jemand dir angetan hat? Oder sind es eigene Gefühle, die du jemand nachträgst? Gibt es da welche – aus Verletzung entstanden –, die du nicht haben willst? Willst du sie irgendwohin bringen? Wozu? Hoffst du, solche durch jemand anders loszuwerden?

Kennst du nur diesen Umgang mit eigenen Gefühlen? Hast du nachtragendes Verhalten immer wieder von anderen erfahren? Waren andere oft eher unfreundlich zu dir, als dass sie ihre Gefühle offen mitgeteilt hätten? Haben sie dir eher im Nachhinein für etwas Vorwürfe gemacht, als dass sie in der Situation sich ehrlich geäußert hätten?

Hast du daraus gelernt, auch selbst deine Gefühle unausgesprochen mit dir herumzuschleppen? Wenn du davon müde wirst, gilt es jetzt, den Rucksack zu leeren. Wenn du herauslässt, was zwischen dir und dem andern steht, wirst du weniger zum Nachtragen haben.

Mit Erlittenem nicht fertig werden

Kannst du mit Erlittenem nicht fertig werden? Musst du wieder und wieder an etwas denken und hast ein Problem damit? Wenn es nicht absichtlich, aber doch geschieht, dass du mit Erlittenem weiter beschäftigt bist, ist dir dabei wohl etwas noch wichtig.

Haben Verletzungen einst dir Gefühle gemacht, die du nicht äußern durftest? Konntest du dadurch mit ihnen nicht zu Ende kommen? Sind alte Wunden deshalb nicht verheilt? Dann kann schon sein, dass es besonders stark schmerzt, wenn du an solchen Stellen erneut getroffen wirst. Und lässt du dir jetzt dann deine aufflackernden Gefühle? Oder willst du sie wieder selbst nicht spüren und stattdessen lieber oft über das Erlittene reden? Versuchst du eher zu erreichen, dass andere sich vorstellen, was es mit dir gemacht hat? Suchst du fremde Beachtung für Gefühle, die du selbst nicht haben willst? Würdest du am liebsten der Person, die dich verletzt hat, Gleiches antun, damit sie deine Gefühle erlebt?

Meinst du noch immer, dass erst jemand anders deinen Schmerz kennen müsste, bevor du ihn dir lassen und damit fertig werden kannst? – Wie ist es mit Durst? Du wirst mit ihm fertig, indem du ihn selbst beachtest und bei dir zulässt, wonach dir dann ist, trinken. Wenn du selbst trinkst, und nur dadurch, kannst du mit Durst fertig werden.

Nicht wissen, was richtig ist

Plagt es dich öfter, nicht zu wissen, was richtig ist? Richtig: Gemessen an welcher Richtschnur?

Richtest du dich nach deinem Erkennen oder setzt du jemand anders als Schiedsrichter ein? Willst du nicht selbst entscheiden, was du gut findest? Hältst du es für verboten, dich von anderen zu unterscheiden? Meinst du, du musst dich nach dem richten, was man normalerweise macht?

Die Norm wird von vielen als Angel benutzt, zum Fischen, um für sich Stärkung zu holen, Stimmenzuwachs: »Nur die Mehrheit zählt richtig«. Dabei gibt es viele Angler. Wessen Angel ist am richtigsten richtig?

Und wenn dir jemand hinhält »Nur so ist es richtig!« – was empfindest du da? Gefallen daran oder doch eher Widerwillen? Und bei Letzterem, wie handelst du dann? Siehst du die Angel und schwimmst vorbei? Oder fängst du an, gegen die Angel zu kämpfen? Oder suchst du nach Erlaubnis vom Angler, nicht anbeißen zu müssen?

Wenn du nicht weißt, was richtig ist, hast du dich wohl noch nicht für eine Richtschnur entschieden. Aber du kannst immer noch wählen, wonach du dich richten willst, ob nach anderen oder nach dir.

Verrückt

Verrückt sein, ist das schlimm für dich? Hast du Angst, verrückt zu werden? Verrückt zu *werden*, indem jemand anders dich wegrückt? Oder getraust du dich nicht, *selbst zu rücken*, wegzurücken – wovon? Von da, wo du bis jetzt bist? Von da, wo andere dich haben wollen? Oder von da, wo die meisten andern sich aufhalten?

Warum sollst du nicht rücken, wenn du woanders sein willst? Schmälert es nicht deine Lebenslust, wenn du dir deinen Bewegungsimpuls verwehrst? Wird es nicht beängstigend eng, wenn du dich zwingst, nur in der Mitte der Allgemeinheit zu sein? Wenn du dir aber erlaubst, von da wegzurücken: Kannst du das, ohne dann verrückt zu sein? Wenn andere indes dir verbieten zu rücken: Führt das nicht auch zum Verrückt-Sein, Weggerückt-Sein aus deiner Mitte? Ist das nicht noch mehr zum Verrückt-Werden?

Wenn du selbst weiterrückst, bist du verrückt –: dahin, wo du hin willst. Wenn du dich verrücken lässt, wirst du auch verrückt –: dahin, wo andere dich haben wollen. – Welches Verrückt-Sein ist dir lieber?

Kein Ziel haben

Leidest du darunter, dass du kein Ziel hast, nichts siehst, wofür es sich lohnt zu leben? Bist du unglücklich, weil du keine Perspektive hast?

Offenbar ist dein Ziel nicht, jetzt zu leben, so gut, wie es im Moment dir möglich ist. Geht dein Interesse nur auf später hin, auf ein entferntes Ziel? – Hast du nicht zum Ziel, beim Unterwegs-Sein auf dein Wohlergehen zu achten, obwohl du doch immer unterwegs bist, solange du lebst? Ist dir nicht bewusst, dass Leben immer nur jetzt möglich ist? Versäumst du, den heutigen Tag nach deinem Geschmack zu gebrauchen?

Solange du das Fehlen eines Zieles beklagst, machst du dein Glück von etwas abhängig, das es für dich im Moment nicht gibt. Was es gibt, ist der vor dir liegende Weg. Du könntest anpeilen, auf gute Weise unterwegs zu sein. Dein Herz, wenn du auf es hörst, wird dich finden lassen, nach welchem Schritt hier und jetzt dir zumute ist.

Sehnsüchtig

Es gehört wohl zu unserem Mensch-Sein, dass wir Sehnsucht erleben. Und manchmal tut es gut, uns bewusst ihr zu überlassen. Unser Horizont kann sich dadurch weiten.

Aber leidest du unter schmerzlicher Sehnsucht? Ist es nicht immer freiwillig, dass du dich ihr hingibst? Passiert es dir einfach oft, dass dein Blick in die Ferne schweift? Sehnst du dich nach Glück und suchst es immer woanders als da, wo du bist? Blieb dir als Kind einst nichts anderes übrig? Bist du es so gewohnt und süchtig danach, dich zu sehnen?

Sehnsüchtig bist du außer dir: Wenn du dich nach woanders hin ausstreckst, kannst du nicht wahrnehmen, was hier dir gegeben ist. Auf der Suche nach dauerndem Sonnenstrahl siehst du die Sonne nicht, wenn sie jetzt dir scheint. Indem du eifersüchtig darüber wachst, dass nichts anderes geschieht als das Ersehnte, bekommst du nicht mit, was da ist.

Du erhöhst die Chance, Glück zu erleben, wenn du da, wo du dich befindest, wach bist.

Verwirrung durch Sich-etwas-Vorstellen

Das, worauf es ankommt,
können wir nicht vorausberechnen.
Die schönste Freude erlebt man immer da,
wo man sie am wenigsten erwartet.

Antoine de Saint-Exupéry

»Es verfolgt mich«

Es verfolgt mich. Es beschäftigt mich. Es regt mich auf. Es zieht mich runter. Es belastet mich. Es nervt mich. Es strengt mich an.

Was *Es* nicht alles macht!? Welches Es? Vielleicht das, was unbewusst bei dir abläuft? Bist du nicht wach bei dem, was du tust? Passiert es einfach? Macht *Es* all dies oder ist deine Sichtweise entsprechend?

Sagst du, Es verfolgt mich, wenn du selbst – ohne es zu merken – etwas hinter dir herschleppst?

Sagst du, Es beschäftigt mich, wenn du deinerseits dauernd an etwas denkst?

Sagst du, Es regt mich auf, wenn du dich in etwas hineinsteigerst?

Sagst du, Es zieht mich runter, wenn du etwas hinnimmst, das dir zuwider ist?

Sagst du, Es belastet mich, wenn du blindlings dir etwas auflädst?

Sagst du, Es nervt mich, wenn du dich an nicht Veränderbarem reibst?

Sagst du, Es ist furchtbar anstrengend, wenn du dich über deine Kräfte hinaus bemühst?

Willst du, dass es so bleibt? *Es*?

»Kostet viel Kraft«

Gibt es manches, das dich unfreiwillig viel Kraft kostet? Zum Beispiel, in einer Ungewissheit zu leben; oder ein bestimmtes Gefühl auszuhalten?

Wodurch kostet dich ein Auto viel: einfach dadurch, dass es ein solches irgendwo gibt, oder dadurch, dass du es verwenden willst? Was also kostet dich Geld, das Vorhandensein eines Autos oder dein Gebrauch davon, dein Umgang damit? Je mehr du mit dem Auto machst, desto mehr musst du Geld dafür investieren.

Ist dir schon klar, was es beim Warten und deinen Gefühlen ist, das dich viel Kraft kostet? Weißt du, wohinein du deine Kraft dabei steckst? Ins Warten und Fühlen als solches oder in den Umgang damit? Kann es sein, dass du beim Warten nicht einfach wartest, sondern viel dabei grübelst, wieso und warum du warten musst, und dir allerhand Unangenehmes zusammenreimst? Kostet dich dies viel Kraft? – Und was deine Gefühle betrifft: Ist es Kräfte raubend, sie wahrzunehmen und zu spüren so, wie sie sind? Oder strengst du dich an, Gefühle festzuhalten mit viel Denken? Mischst du in die gegenwärtigen Gefühle viel von gestern Erlebtem oder Vorgestelltem von morgen hinein? Kostet dich dieses gedankliche Herbeiholen von jetzt gar nicht Vorhandenem, womit du deine Gefühle zusätzlich schürst, viel Kraft? Wenn ja: Machst du dies absichtlich, bewusst?

Wenn dich etwas unfreiwillig viel Kraft kostet, steckst du deine Kraft wohl nicht bewusst da hinein, wo du es tatsächlich tust. Dann lohnt es sich, genau anzuschauen, was es ist, wofür du deine Kraft verbrauchst. Wenn du dies entdeckst, kannst du über den Einsatz deiner Kraft neu und besser entscheiden.

»Alles ist so kompliziert«

Findest du alles schrecklich kompliziert? Ist dies der Grund, weshalb du dich schwer tust mit deinem Leben?

Hättest du doch lieber alles einfach. Aber siehst du nicht, wie es dazu kommt, dass alles so kompliziert wird? – Liegt die Ursache dafür nur im Außen, im Zusammenkommen schwerwiegender Umstände? Oder erscheint dir alles so kompliziert, weil *du* alles, was kommt, mit deinen Meinungen, Wünschen oder Befürchtungen überlagerst? Kannst du dadurch nicht wahrnehmen, was einfach da ist? – Geschieht dies so bei dir, aber ohne dass es dir seither bewusst ist? Bekommst du nur die Auswirkung mit, dass jetzt alles unverständlich kompliziert ist und du damit nicht umzugehen weißt?

Wenn du Kompliziertes unangenehm findest, kündigt sich Geschmack an Einfachem an. Anerkennen, was ist, lässt Kompliziertheit schwinden: Die Dinge kommen als solche wieder in den Blick. Sie sind einfach da.

Misstrauisch

Bist du misstrauisch und lebst gut damit? Oder kannst du nicht anders, als misstrauisch zu sein, und bist doch nicht glücklich damit? – Weißt du, was bei dir vor sich geht, wenn du misstrauisch bist? Oder merkst du nur, dass du dem nicht traust, was du bei jemand wahrnimmst?

Nimmst du als wahr das, was du mit deinen Sinnen siehst oder hörst? Oder überlegst du sofort, was das Gesehene oder Gehörte bedeuten könnte? Neigst du hierbei dazu, nur Unerfreuliches anzunehmen? Rechnest du meist mit versteckter Forderung oder Ablehnung, wie du es aus deiner Vergangenheit kennst? Aber geschieht dies so gewohnheitsmäßig, dass du nicht merkst, wie du nur auf deine Deutung hinschaust? Wenn dies zutrifft, kann leicht geschehen, dass du dich weiter entsprechend verhältst. Und wenn dann eine ärgerliche Reaktion auf dein Handeln erfolgt: Nimmst du dies erneut als Bestätigung, dass es schon klug ist, misstrauisch zu bleiben?

Bestimmt hast du dir nicht ohne Grund angewöhnt, misstrauisch zu sein. So vorzusorgen war wohl in deinem Leben einst klüger. Aber bekommt es dir heute noch, wenn du in allem, was dir jemand hinhält, nur Unangenehmes witterst? Fährst du nicht besser, wenn du dir zu schauen getraust, was tatsächlich nach und nach kommt? Auch dann ist es niemals zu spät, zu handeln, wie es dir entspricht.

Nicht wissen, was wirklich ist

Quält es dich, oft nicht zu wissen, was wirklich ist; wo du dran bist bei einem Menschen?

Weißt du dies nicht, weil du bei jemand eine Diskrepanz wahrnimmst zwischen seinem Reden und Verhalten? Oder weißt du nicht, wo du dran bist bei deinem Gegenüber, weil du von deiner Wahrnehmung schnell weggehst und überlegst, was wahr ist? Bist du mehr mit Denken beschäftigt, was dein Gegenüber wohl denkt, als dass du beachtest, was er tatsächlich sagt, tut, und wonach daraufhin dir ist? Du erlebst den andern verschieden, klagst du: Einmal sonnig, einmal regnerisch, einmal mit Blitz und Donner und heute bewölkt. Weißt du dann nicht, wie das Wetter wirklich ist? Meinst du, einen Teil von allem Wahrgenommenen als den eigentlich wahren auswählen zu müssen – obwohl doch jeder Teil jeweils wirksam zu spüren ist?

Weißt du deshalb nicht, wo du dran bist bei jemand, weil dir nicht bewusst ist, worauf du hinschaust: Ob auf das, was jetzt vor dir ist, oder auf etwas, was du von früher kennst?

Zur Wirkung kommt immer das, wofür es Offenheit gibt. Wenn du mit deiner Aufmerksamkeit bei Vergangenem oder Zukünftigem bist, wird Vergangenes oder Zukünftiges auf dich wirken. Gegenwärtiges wird wirksam, wenn du auf Gegenwärtiges achtest. Dann bekommst du mit, was jetzt wirklich ist.

Unfrei

Leidest du darunter, dass du dich unfrei erlebst? Und kommt dies allein davon, dass die äußere Situation so ist, wie sie ist?

Anerkennst du deine Realität und schaust du, wie du damit umgehen willst? Oder stemmst du dich eher gegen das, was ist? Und gewinnst du dadurch mehr Freiheit oder wird deine Energie dabei gebunden? – Leidest du nur einfach unter dem geringen Maß des Spielraums, den du in deiner Lebenssituation hast? Oder leidest du unangemessen viel, weil du dies schlechthin unfrei nennst?

Gibt es für dich nur absolute Freiheit oder Fremdbestimmung? Übersiehst du, dass du wählen kannst, ob du einen Zustand als Realität anerkennst oder nicht; ob du Veränderbares anpackst oder nicht; ob du Unveränderbares akzeptierst oder dich daran reibst? Schaust du nur darauf, dass du die Konsequenzen deiner Wahl nicht in der Hand hast?

Du leidest weniger an Unfrei-Sein, wenn du bewusst entscheidest, wie du lebst. Du erlebst mehr Frei-Sein, wenn du zu deiner Entscheidung stehst.

Immer Müssen

Ärgert es dich, immer so viel zu müssen? Sträubt sich alles in dir gegen Müssen? Aber siehst du es so, dass man eben doch vieles muss, ob man will oder nicht?

Freilich trifft zu: Wenn du etwas essen willst, musst du dich nach Essbarem umschauen; wenn du Brot kaufen willst, musst du dafür bezahlen; wenn du dafür Geld haben willst, musst du dir welches verdienen; wenn du dazu einen bestimmten Beruf ausüben willst, musst du dir die Fähigkeit dafür erwerben; wenn du genau diesen Arbeitsplatz behalten willst, musst du Entsprechendes leisten.

Ja, es trifft zu: Wenn du etwas Bestimmtes, etwas, das du bestimmst, haben willst, musst du dafür etwas tun. Aber hast du diese Wirklichkeit als ganze im Blick, wenn du über Immer-Müssen klagst? Musst du auch etwas, wenn dir genügt, was ohne dein Zutun geschieht? Meinst du nicht deshalb, immer etwas zu müssen, weil du dein Wollen nicht zählst; weil du von der ganzen Wirklichkeit nur *den* Teil registrierst, der als Folge deines Wollens zwingend gegeben ist? – Vielleicht kennst du von früher nur Müssen, so dass du den Spielraum, den du heute beim Handeln doch auch hast, übersiehst.

Wenn du dich von Immer-Müssen befreien willst, tust du gut daran, deine seitherige Sicht um den Blick auf dein Wollen zu erweitern.

Sich etwas vorstellen

Dir etwas vorstellen, bewusst, kann deinen Horizont auf Mögliches hin erweitern. Wenn du dann in der Wirklichkeit danach suchst, kannst du manchmal etwas finden, was du sonst übersehen hättest.

Unbewusst dir etwas vorstellen, verstellt dir den Blick auf das Gegenwärtige. Aber neigst du hierzu, Schlimmes, das du oft erlebt hast, von vornherein anzunehmen? War dies früher hilfreich, um vorbeugend handeln zu können? Hat Wahrnehmen dir wenig genützt, wahrnehmen, was dir begegnet und was dies mit dir macht? Warst du schmerzlichem Geschehen so oder so ausgeliefert? Fandest du dann doch besser, mit wiederholt Erfahrenem in Zukunft immer schon zu rechnen?

Wenn du heute in eine unbekannte Straße hineingehst – was lässt dich sicherer deinen Weg finden: Dir Löcher vorzustellen und wie du denen ausweichen könntest? Oder: Beim Gehen wach zu sein und wahrzunehmen, was tatsächlich vor dir auftaucht und nach welchem Schritt dir dann ist?

Blinde Angst

Rutscht du manchmal in blinde Angst?

Wie gehst du mit Angst seither um, wenn du solche erlebst? Schaust du dann genau, wodurch du in die Enge kommst, um angemessen handeln zu können? Oder kämpfst du, wenn du Gefahr in der äußeren Realität nicht findest, gegen deine Angst an? Beschimpftst du dich dann eher als dumm, als dass du neugierig bleibst, woher deine Angst erst verständlich wird? Versäumst du auf diese Weise vielleicht zu entdecken, dass das Gefährliche in alter Erfahrung liegt, die du dir blindlings jetzt vorstellst?

Neigst du gewohnheitsmäßig dazu, dir Schlimmes auszumahlen – wie du es von früher her kennst? Bist du dir dessen, wenn du es jetzt tust, gar nicht bewusst? Starrst du einfach – über das Hier und Jetzt hinweg – auf das Vorgestellte, sodass sich dein Blick darauf einengt? Siehst du dann nur noch die gefährliche Möglichkeit in der Zukunft und wähnst dich ihr ausgeliefert? – Wenn du dies blindlings tust, bekommst du immer mehr Angst. Möglicherweise erlebst du eine Panikattacke.

Quälende Angst oder gar Panik signalisiert: Höchste Zeit, die Gefahr genau zu orten. Falls du dann merkst, dass die Gefahr aus alter Erfahrung stammt, kannst du für diesen Moment neu wählen, ob du dir dies weiter vorstellen willst. Wenn du zum Hier und Jetzt zurückkommst, wird deine Angst abnehmen.

Angst fürchten

Hast du Angst vor der Angst? Befürchtest du, durch Angst erst recht in die Enge zu kommen?

Meinst du, es wäre schlimm, Angst zu haben? Ist dir fremd, dass du dich damit zeigen kannst, dass deine Angst Beachtung verdient? Ist dir fremd, dass du dich damit zeigen kannst, dass deine Angst sehr wohl Beachtung verdient? Kennst du nur, dass du wegen solcher belächelt wirst? Ist Angst dir als Kind ausgeredet worden; solltest du solche nicht haben? Warst du dadurch mit Angst schlimm allein gelassen und hast sie nur als Übel erlebt? Hast du nicht erfahren, dass Angst wertvoll ist, um auf Gefahr aufmerksam zu werden?

Angst lässt uns empfinden, dass es durch irgendetwas eng wird für uns. Angst will uns dazu bringen, genau zu orten, wodurch die Enge entsteht. So lässt uns Angst den verbleibenden Spielraum zum Handeln erkunden. Damit trägt sie bei zum Erkennen, was wir zu unserem Schutz jetzt tun können.

Statt Angst zu fürchten, gilt es, Angst als Signal zu nehmen. Sie will uns wecken, die Augen rechtzeitig aufzumachen.

Immer die gleiche Erfahrung machen

Machst du immer die gleiche Erfahrung? Bist du unglücklich darüber und grübelst warum?

Ereignet sich einfach immer die gleiche Wirklichkeit? Oder erfährst du ausschließlich Gleiches, weil du von vornherein ausschließt, dass anderes geschehen könnte? Ist dein Blick auf alte unangenehme Erfahrung gerichtet, so dass du davon Abweichendes nicht siehst? Pflegst du Skepsis und bleibst lieber beim bewährten Verhalten? Verzichtest du bei Erfreulichem, das dir – wider dein Erwarten – begegnet, von vornherein darauf, es zu nehmen? Freust du dich darüber nur wenig oder gar nicht, um dich zu wappnen für das, womit du doch weiter rechnest?

Wenn ein Kamel durch die Wüste zieht und nach langem Marsch an eine Oase kommt: Würdest du ihm auch empfehlen, vorsichtshalber nur wenig oder gar nicht zu trinken, weil ja nachher doch wieder Wüste kommt? Wie lange glaubst du, dass das Kamel so leben könnte?

Du erfährst immer das Gleiche, wenn du, um nichts Unerfreuliches zu erleben, dich der Erfahrung der ganzen Wirklichkeit verschließt. Aber du kannst Neues erfahren, wenn du dich auf Neues einlässt.

Kein Lichtblick

Sehnst du dich nach einem Lichtblick in deinem Leben? Beklagst du allgemeine Finsternis? Bedeutet dies dann, dass es kein Licht gibt, oder heißt dies nur, dass du im Moment keines siehst?

Es kann wahr sein, dass es jetzt hier finster um dich ist. Es gehört zu unserem Menschsein, dass wir auch Nacht erleben und die Sonne nicht immer sehen. – Achtest du auf die Sterne? – Und es ist wohl menschlich, dass es uns manchmal zu lange dauert, bis der Morgen sich zeigt. Doch bedeutet dies nicht, dass es immer und überall finster sein wird.

Erlebst du deshalb keinen Lichtblick, weil du gewohnt bist, ins Dunkle zu starren? Starren: Passiert es dir vielleicht, dass dein Blick sich starr nur auf einen Teil der ganzen Wirklichkeit richtet, den schattigen, schwarzen? Freilich gibt es den Winter, wo die Sonne uns ferner ist. Aber wenn du dich dann zu Hause vergräbst, bekommst du nicht mit, wie weit die Sonne dennoch das Leben erhellt. Vielleicht stehst du auch gerade im Schatten: Bemerkst du dabei nicht, dass der Schatten mit der wandernden Sonne sich ändert? Und übersiehst du, dass es nur dann immer wieder regnen kann, wenn andererseits auch die Sonne immer wieder scheint.

Licht leuchtet in der Finsternis. Einen Lichtblick kannst du haben, wenn du selbst dort hinblickst, wo Leuchtendes zu sehen ist.

An Schmerz zerbrechen

Hast du Angst, an Schmerz zu zerbrechen? Meinst du, solchem gegenüber hart sein zu müssen und dies nicht genug zu können? Kennst du nur, Schmerz still aushalten und dir nichts anmerken lassen? Strengst du dich an, deine Tränen zurückzuhalten? Befürchtest du, wenn du sie zulässt, davon überrollt zu werden?

Mauern von Stauseen, ja, die müssen hart sein und verhindern, dass Wasser verloren geht. Dabei stehen sie allerdings dauernd unter dem Druck der gestauten Massen. Wenn Staudämme immer mehr zurückhalten müssen, können sie überflutet werden und es wächst die Gefahr des Zerbrechens. Auch Eis kann zerbrechen, gefrorenes Wasser. Wasser, das fließen darf, kann ein Kraftwerk speisen.

Deine Angst, an Schmerz zu zerbrechen, zeigt: Es ist dir wichtig, nicht zu zerbrechen; und: Du ahnst wohl, dass es gefährlich ist, dich ganz hart zu machen und Weich-Sein dir zu verbieten. Aber ist dir fremd, mit deinen Tränen da sein zu können? Bräuchtest du dazu jemand, der dich damit aushält: so lange dich hält, bei dir bleibt, bis dein Schmerz aus ist, bis er herausgeflossen ist?

Willst du dies erfahren, dies, und dass daraus neues Leben erblüht? Es kann sich ereignen, wenn du dich von deinem Schmerz bewegen lässt.

Keine Luft kriegen

Hast du das Gefühl, keine Luft zu kriegen? Kannst du nur schwer atmen? Gelingt es dir schlecht, Luft zu holen?

Ist dies so, weil wenig Luft da ist, die du dir holen kannst? Oder holst du dir nicht, was du brauchst, weil du nicht weißt, ob du es darfst? Meinst du angewiesen zu sein auf das, was dir zugeteilt wird? Bist du gewohnt, dass jemand anders entscheidet, wie viel dir zusteht? Wartest du entsprechend auf Luft-Bekommen, auf Luft-Kriegen? Kennst du es nicht, dass du dir selbst Luft machen, dass du äußern kannst, was du willst und was nicht? Lässt du Dampf nicht heraus, so dass es eng wird in deiner Brust? Getraust du dich nicht auszuatmen; meinst du, du musst Luft in Reserve halten? Neigst du dazu, den Atem anzuhalten? Atmest du kaum, aus Angst unangenehm aufzufallen?

Überlebt hast du seither mit Wenig-Atmen. Wenn du jetzt aber spürst, dass dein Lebensfeuer zu ersticken droht, brauchst du doch wohl mehr Luft. Durch Mehr-Ausatmen kannst du mehr einatmen. Mit Mehr-heraus-Lassen schaffst du Platz, frische Luft dir in ausreichendem Maße zu holen.

Beobachtet werden

Leidest du darunter, beobachtet zu werden? Kannst du nicht unbefangen sein, sobald jemand in deiner Nähe ist? Bist du dann angespannt, wie auf dem Prüfstand?

Wenn dir unangenehm ist, beobachtet zu werden: Wie gehst du damit um? Sorgst du für dich, indem du dich Angenehmerem zuwendest? Oder liegt dir viel näher, dich besonders anzustrengen, um beim Beobachtet-Werden gut abzuschneiden? Und gelingt dir dein Tun dadurch besser, oder verkrampft du dich so und verbrauchst Energie?

Woher weißt du überhaupt, dass du beobachtet wirst? Achtest du sehr darauf? Und bemerkst du dann oft, dass es so ist, oder nimmst du solches nur von vornherein an? Kreist dein Denken um die andern, was sie von dir denken, wie sie über dich urteilen? Neigst du dazu, Reden und Tun von andern auf dich zu beziehen?

Du magst nicht von andern beobachtet werden. Warum kümmerst du dich so viel darum? Suchst du bei den andern, was du dir selbst noch verweigerst? Vielleicht wohlwollende Beachtung? Wenn du dir selbst solche schenkst, hast du doppelten Nutzen davon: Du musst nicht mehr so viel danach suchen und du bekommst eher mit, wann du wieder die andern beobachtest, ob sie dich beobachten. Letzteres kannst du nutzen, um damit aufzuhören.

Preisgegeben

Erlebst du dich preisgegeben, wenn du dich zeigst? – Findest du auch jeden anderen preisgegeben, der sich nicht versteckt? Oder hast du nur bei dir den Eindruck, dass du gefährliche Angriffsfläche bietest durch Dich-Äußern?

Wenn du dich preisgegeben erlebst: Wer bestimmt da den Preis für das Deinige? Legst du selbst den Preis fest, den deine Lebensweise dir wert ist, oder überlässt du es anderen, darüber zu befinden? Wertschätzt du das Deinige nur nach dem soundsovielten Preis, den jemand anders dafür erteilt? Richtest du dein Leben nach dem aus, was an Lob und Preis von anderen kommt?

Wann bist du preisgegeben: Wenn andere dich unverstellt sehen können oder wenn du dich selbst preisgibst? Letzteres tust du, wenn du dich dem Werturteil anderer unterwirfst. Wenn du auf die Bewertung anderer verzichtest, gewinnst du dabei, dass du nicht mehr preisgegeben bist.

Vorsichtig

Hast du das Bedürfnis, vorsichtig zu sein? Wie gehst du dabei vor? Gehst du überhaupt vor, nach vorne, oder erscheint dir Vorsichtig-Sein nur möglich, indem du dich zurückhältst?

Wenn du, um vorsichtig zu sein, mehr auf Rückzug bist, als dass du da bleibst und dich wach vorwärts bewegst, wirst du wenig Neues in deinem Leben erblicken. – Katzen sind auch vorsichtig: Sie bewegen sich in fremdem Gebiet langsam, aber vorwärts. Sie schauen genau, was es zu sehen gibt.

Wenn du beim Vorsichtig-Sein dich vorwärts bewegst, kannst du auf seither noch Unbekanntes treffen. Wenn du deine Augen dabei offen hältst, siehst du, was vor dir da ist, und kannst es sichten: Du kannst es prüfen daraufhin, ob es dir gefällt; wie du damit umgehen willst. Vorsichtig erweitert sich so dein Spielraum zum Handeln.

Enttäuscht

Bist du enttäuscht: Von deinem Partner? Vom Leben? Von dir selbst?

Täuschung hat jetzt ein Ende.

Du bist sehr enttäuscht, – heißt das: Weiter-getäuscht-Werden würdest du vorziehen?

Du kannst nur enttäuscht werden, wenn du dir ein Bild von der Wirklichkeit gemacht hast, wie du sie gern hättest. Enttäuschung geschieht, wo Offenheit für die Wirklichkeit zunächst nicht vorhanden, aber die Wirklichkeit stark genug ist, trotzdem zu wirken: Sie setzt sich durch gegenüber der Täuschung, dem Bild.

Wenn du Enttäuscht-Werden zulässt, befreist du dich von Täuschung.

Not durch Sich-Übergehen

Der Mensch
kann dem Göttlichen nicht nahe kommen,
indem er über das Menschliche hinauslangt.
Er kann ihm nur nahe kommen,
indem er der Mensch wird,
der zu werden er erschaffen ist.

Martin Buber

Nicht klarkommen

Tust du dich schwer, klarzukommen? Möchtest du Klarheit gewinnen und findest doch keine? Schaust du auch genau an, was dir noch unklar ist? Oder scheust du dich davor, so als ob du dabei etwas entdecken könntest, was nicht zum Vorschein kommen darf? Liegt dir Klarkommen zwar schon am Herzen, aber macht es dir auch Angst, klar herauszukommen mit dem Deinigen, dich ungeschminkt sehen zu lassen?

War es früher einmal heikel, dich klar zu äußern: deine Meinung offen zu sagen, deine Gefühle unverstellt zu zeigen, deinen Willen ehrlich kundzutun? Gab es dann Vorhaltungen von manchen Menschen? Kam eher Kritik von ihnen am Deinigen, als dass sie sich gegenübergestellt und das Ihrige klar mitgeteilt hätten? Hast du solches öfter erfahren und daraus gelernt, lieber auch selbst unklar zu bleiben?

Aber jetzt: Regt sich das Bedürfnis in dir, doch wieder klar zu kommen? Wenn du dich davon leiten lässt, wirst du wach werden für deine Gefühle, für dein Ja oder Nein. Licht kommt so in dein Erleben und wird es dir erleichtern, dass du selbst eher klarkommst.

Schwindelig

Wird dir öfter schwindelig? Hast du ein Kreislauf-Problem?

Ist dies nur auf der körperlichen Ebene so? Oder ist auch der Kreislauf von Wahrnehmen und Denken bei dir gestört? Hat Denken, Meinen bei dir ein Übergewicht? Meldet dein Gleichgewichtssinn vielleicht eine Störung, weil du nicht beides gleich pflegst, abwechselnd, und bewusst auseinander hältst?

Schwingt der Pendel deiner Aufmerksamkeit kreisläufig hin zu den andern und auch her zu dir? Oder bleibst du hängen beim Schauen-auf-die-andern? Neigst du dazu, was bei dir ist, zu übergehen und nur, was von anderen kommt, wichtig zu nehmen? Und machst du das gern, dein Eigenes verschwinden zu lassen? Oder ist es doch ein Schwindel, wenn du so tust, als wäre dir ausschließlich an den andern gelegen?

Vielleicht kommst du ins Taumeln, weil du die Wirklichkeit als ganze aus dem Auge verlierst. Dann kann dein Schwindel schwinden, wenn du dich bewusst auf den Boden der Tatsachen stellst.

Unausgeglichen

Fühlst du dich unausgeglichen? Nimmst du dies als Signal, dass etwas für dich nicht im Lot ist? Oder machst du dir eher einen Vorwurf daraus? Erwartest du von dir, gleichmäßig heiter und nett zu sein?

Magst du wirklich keinen Unterschied spüren, wie es dir jeweils mit etwas ergeht? *Unausgeglichen* könnte doch die Empfindung sein davon, dass dir etwas zum Ausgleich fehlt; oder ein Zeichen, dass du im Zusammensein mit jemand nicht gleichermaßen zum Zug kommst. Aber verwendest du seither dein Bemerken eher gegen dich und bekommst so nicht mit, dass dir etwas nicht gut tut? Hältst du deine unterschiedlichen Gefühlszustände für unberechtigt? Meinst du, es dürfte dir nichts ausmachen, wenn *deine* Bedürfnisse weniger befriedigt werden als die von jemand anders? Gehst du dabei von alter Erfahrung aus, es nützt dir eh nichts, traurig oder ärgerlich zu sein? Siehst du dich – wie einst – ganz auf die andere Person angewiesen, als ob nur sie dir Ausgleich verschaffen könnte?

Du kannst dir Unausgeglichen-Sein weiter übel nehmen. Du kannst dies aber auch als Signal lesen, dass du etwas zum Ausgleich brauchst, und dementsprechend solchen dir selbst verschaffen.

Sich ärgern

Ärgerst du dich mehr, als dir lieb ist? Kannst du nicht anders, als dich immer wieder zu ärgern?

Beachtest du Ärger, wenn du solchen bei dir bemerkst, um für dich zu sorgen? Schaust du dann, was dir jetzt – unter den gegebenen Umständen – am ehesten entspricht? Prüfst du angesichts von dir Argem, ob und wie du daran etwas ändern kannst? Oder reibst du dich eher gedanklich fortwährend an dem Argen? Hältst du dich bei dir Argem länger auf, als es nötig und nützlich ist? Und wird das Arge auf diese Weise weniger arg für dich oder ärger?

Ärgerst du dich, weil du nur einen begrenzten Spielraum zum Handeln hast? Nimmst du dir übel, dass du das dir Arge selbst nicht beseitigen kannst? Oder kreidest du dir an, wie du auf dir Arges seither reagierst; ärgerst du dich über dein Ärgern?

Zu merken, dass du dir selbst etwas antust, wenn du *dich* ärgerst, kann hilfreich sein. Du kannst es dir zunutze machen und in diesem Moment aufhören, dich zu ärgern, jetzt und immer wieder jetzt, wenn du es bemerkst.

Nervös

Bist du furchtbar nervös und weißt nicht warum? Geht dir alles auf die Nerven?

Wie geschieht dies, dass dir alles auf die Nerven geht? Geht alles von sich aus auf deine Nerven? Oder gehst du zu allem Möglichen hin und hältst dich mehr dabei auf, als sachlich notwendig ist? Holst du wahllos alles zu dir her ohne Rücksicht auf deine Gesundheit? Meinst du, du müsstest dich um alles kümmern, du müsstest dich in alles einmischen? Werden nicht dadurch deine Nerven unangemessen viel strapaziert, so dass du furchtbar nervös wirst? Furchtbar, flößt es dir langsam doch Furcht ein?

Wenn du dich unangenehm nervös fühlst, wollen deine Nerven wohl melden, dass du ihnen zu viel zumutest. Wenn du mehr darauf achtest, wie viel deine Nerven verkraften, werden sie weniger überreizt sein.

Blockiert

Bist du öfter blockiert, wenn es um Sprechen, Lernen oder sonst um Etwas-Tun geht? Leidest du unter Blockade?

Wenn du Blockiert-Sein nicht magst, scheinst du es nicht bewusst zu wählen. Setzt sich damit unbewusst ein Impuls in dir durch, den du sonst übergehst? Will sich ein Nein zu fremdem Anspruch in dir regen, dem du meinst entsprechen zu müssen? Versuchst du das, was du kannst, vor dem Urteil *ungenügend* zu bewahren, indem du es vorsorglich wegsperrst? Ist dir nicht vertraut, dass du mit deinem Vermögen, wie auch immer, in Ordnung bist?

Wirst du blockiert, während du dich um ein Soll kümmerst bei deinem Tun? Streikst du unbewusst dagegen, aber plagst dich mit eisernen Vorsätzen? Begehrst du zwar auf gegenüber fremden Forderungen, stellst aber selbst einen hohen Anspruch an dich? Und ist dies ein freundliches Sprechen zu dir aus Interesse am eigenen Fortschritt; oder sprichst du fordernd zu dir aus der Meinung, sonst nicht vorwärts zu kommen? – Wie kommt es vom Trieb in den Pflanzen zum Wachsen und Blühen? Durch Ziehen an den Knospen oder durch viel Sonne? – Ist dir in Bezug auf dich jedoch fremd, dass freundliche Beachtung deines inneren Strebens dich deinem Ziel nach und nach näher bringt?

Wenn du aufhörst, deinem Inneren Zwang anzutun, gibt es weniger Grund zum Blockiert-Sein.

Überfordert

Hasst du das Empfinden, überfordert zu sein? Ist dir alles zu viel? Aber weißt du nicht, wie du dir helfen sollst?

Wenn dir alles zu viel ist: Heißt dies, dass jede einzelne Angelegenheit dich überfordert oder dass alles zusammen zu viel für dich ist? – Prüfst und sortierst du jeweils bewusst, was dir um deiner selbst willen wichtig ist zu tun? Oder neigst du dazu, alle möglichen Aufgaben als die deinen zu betrachten? Forderst du selbst blindlings alles von dir? Strengst du dich an, sogar unausgesprochenen Erwartungen noch zuvorzukommen? Willst du dir damit vielleicht etwas verdienen, dich als liebenswert erweisen? Versuchst du alles hinter dich zu bringen, um es als Forderung nicht mehr vor dir zu haben? Kommt Nein zu etwas für dich nicht in Frage, weil du Wohlergehen nur durch Erfüllen von Soll kennst?

Wenn du empfindest, überfordert zu sein, meldet dein Organismus dir, dass du vor einer Forderung stehst, die über das hinausgeht, was deinem Vermögen entspricht. Dies kann dir hilfreich sein, wenn du innehältst, um zu schauen, wer so mit dir umgeht, ob jemand anders oder du mit dir selbst. Falls es jemand anders ist, kannst du entscheiden, ob du dir dies zu Eigen machen oder dich lieber abgrenzen willst. Falls du entdeckst, dass du selbst – weil gewohnt – dich überforderst, kannst du – jetzt – auch neu wählen. Es ist niemals zu spät, gut mit dir umgehen zu lernen.

Erschöpft

Bist du erschöpft, ausgelaugt? Ist dir eigentlich nach Ausruhen, nach Pause? Aber denkst du: Das geht nicht, das kannst du dir nicht leisten?

Was ist so schlimm daran, dass du jetzt erschöpft bist? Wäre dir lieber, dein Körper würde nicht melden, wenn seine Grenzen erreicht sind?

Denkst du: Warum bin ich so kraftlos? Willst du es tatsächlich verstehen oder machst du dir mit *Warum* eher selbst einen Vorwurf? Nur mit freundlichem Interesse für dich wirst du erkennen, wodurch du auf einmal erschöpft bist. Es wird schon nicht ohne Grund so sein. – Hast du seither zu viel aus dir herausgeholt, vielleicht um es unbedingt anderen recht zu machen? Hast du deine eigenen Grenzen zu wenig beachtet?

Wenn du jetzt erschöpft bist, will in dein Bewusstsein kommen, dass du nicht immer nur ausschöpfen kannst. Du brauchst auch selbst etwas, um dich zwischendurch zu erholen.

»Meine Batterie läuft leer«

Hast du den Eindruck, deine Batterie läuft leer? Verständlich, dass du dann in Sorge bist. Steht jetzt an, schnell eine Stromquelle zu suchen, oder gilt es erst zu schauen, wodurch deine Batterie sich entleert?

Läufst du leer, weil du dich verausgabst, wie wenn beim Auto im Stand das Licht brennt: weil du dich anstrengst auszustrahlen, um fremde Beachtung zu finden, ohne zu leben, wie es dem eigenen Antrieb entspricht?

Ist deine Lichtmaschine kaputt: Gelingt es dir nicht, beim Fahren aufzuladen: Freude zu schöpfen aus dem Mitgehen-mit-deinen-Impulsen? Erlaubst du dir nicht, dass diese zur Wirkung kommen? Läufst du leer, weil du nicht im Kontakt mit dir selbst bist?

Wenn deine Batterie zum Starten zu schwach ist, brauchst du wohl vorübergehend eine äußere Stromquelle, die du anzapfen kannst. Entscheidend aber ist, mit Strom in dir selbst wieder in Verbindung zu kommen, mit dem Leben, wie es von selbst in dir strömen will. Dann kann deine Batterie sich neu aufladen, indem du dich selbst großzügig fahren lässt.

Körperliche Beschwerden

Leidest du unter körperlichen Beschwerden? Weißt du schon, wovon diese kommen? Wenn nicht, versuchst du dann mit freundlichem Interesse für deinen Körper herauszufinden, was ihn beschwert? Oder beschwerst du dich eher über ihn, dass er nicht so funktioniert, wie du möchtest?

Dein Körper wird nicht ohne Grund Beschwerden melden. Kommen diese von natürlicher Abnützung oder von anderer äußerer Ursache? Oder mutest du deinem Körper in irgendeiner Hinsicht zu viel zu? Beschwerst du ihn damit, dass du etwas unbedingt hinkriegen willst? Verkrampfst du dich, indem du etwas anderes von dir verlangst, als wonach dir ist, etwa Ärger oder Traurigkeit oder Freude zu zeigen? Geschieht dies gewohnheitsmäßig, so dass es dir gar nicht mehr bewusst ist?

Wenn du dies oft blindlings machst, wird dein Körper immer mehr beschwert sein. Aber er meldet sich dann auch zunehmend in Form einer Beschwerde. Darauf kannst du dich verlassen. Zum Glück! Denn dadurch ist es niemals zu spät, wenn du zum Beispiel bei neuem Interesse an Lockerheit dich doch wieder einmal verkrampfst. Irgendwann wirst du registrieren, dass du dich leibhaftig nicht wohl fühlst: Eine Gelegenheit, wieder zu schauen, wieso.

Je mehr du so ein körperliches Signal für dich nützt, umso weniger im Laufe der Zeit wird dein Körper beschwert sein. Allmählich brauchst du das verlässliche Signal nicht mehr, es wird dich nach und nach verlassen. Es ist auch in dem Sinn verlässlich, dass du es mit deiner Aufmerksamkeit dann wieder verlassen und dich zunehmend anderem zuwenden kannst.

Gelähmt

Erlebst du dich wie gelähmt? Kannst du kaum einen Schritt mehr machen, dich zu nichts mehr aufraffen?

Wodurch wirst du gelähmt? Was lähmt deinen Gehimpuls, deinen Schritt? – Schenkst du überhaupt deinen Impulsen Aufmerksamkeit? Oder getraust du dich gar nicht, deinen Willen genau zu erkennen, in seiner Richtung, in seiner Stärke? Stehst du dir selbst kritisch gegenüber und pfeifst dich oft zurück? Hinderst du dich selbst in deiner Bewegungsart, in deinem Tempo?

Dein Gelähmt-Sein mag eine Warnung sein: So wie du seither mit deinem Leben umgehst, kommst du nicht weiter. Dein Gelähmt-Sein meldet aber auch: Du bist dabei zu spüren, dass Bewegung in dir sein will. Dich dieser zu überlassen, mag dir seither fremd sein. Doch du kannst jetzt anfangen, deine Regungen zu beachten, und dich darin üben, ihnen zu folgen.

Antriebslos

Bist du antriebslos und unglücklich damit? Gibt es keinerlei Antrieb in dir? Oder wirst du jeglichen Antrieb los, weil du keinen annimmst?

Wenn du Lust verspürst etwas zu tun – lässt du das gelten? Wenn du etwas nicht magst, nein sagen möchtest – stehst du dazu? Wenn du ein anderes Bedürfnis hast als dein Gegenüber – sorgst du für dich? Wenn Ärger dich umtreibt, dich zu wehren – äußerst du dich? Wenn Müdigkeit dir nahe legt, dich auszuruhen – gönnst du dir das? Wenn Traurigkeit sich regt, dich drängt zu weinen – gibst du dem nach? Wenn Freude oder Dankbarkeit deinen Puls schneller schlagen lässt – erlaubst du dir, damit da zu sein?

Bekommst du überhaupt mit, wozu dich dein Inneres antreibt? Oder hast du dir einreden lassen, darauf zu achten sei egoistisch? – Wenn du jetzt unter Antriebslosigkeit leidest, treibt dich das Leben wohl zu einer anderen Sicht: Achtsamkeit für die eigenen Antriebe ist notwendig, sonst verlierst du sie.

.

Depressiv – Niedergedrückt

Fühlst du dich depressiv, niedergedrückt, wie in einem schwarzen Loch, aus dem es kein Entrinnen mehr gibt?

Wer drückt dich so hinunter? Wie kommst du in das schwarze Loch hinein? Wenn du dies nicht siehst, kann sein, dass du blindlings, weil gewohnt, selbst dir Betrübliches antust.

Lässt du dich so, wie du dich vorfindest, gelten oder hältst du dich für nicht gut genug? Gehst du trübsinnig über dich hinweg? – Erlaubst du dir, mit deiner Traurigkeit, deiner Freude, deinem Ärger da zu sein oder drückst du deine Gefühle schon im Ansatz als unberechtigt, unerlaubt nieder? Und deine Bedürfnisse, deine Impulse zum Handeln: Greifst du sie wach für dich auf oder beugst du deinen Sinn unter *du solltest, du müsstest* ...? Vergleichst du dich mit anderen und trampelst das Deine nieder?

Ziehst du dir nicht selbst den Boden unter deinen Füßen weg, wenn du das, was bei dir wirklich da ist, nicht achtest? Gräbst du dir damit nicht selbst das Loch, in das du dann fällst? – Falls du dies bisher machst, aber jetzt merkst, dass du es bewusst so nicht willst, erweist sich dein Depressiv-Sein als wertvolles Signal. Du kannst es nützen, um darauf zu achten, wie du gerade mit dir umgehst. Wenn du dich selbst mehr gelten lässt, wirst du weniger gedrückt sein.

Alles sinnlos finden

Erscheint dir alles nur noch sinnlos? Kann dich nichts mehr motivieren, es zu tun? Interessiert dich nichts mehr?

Gefällt es dir, allen Sinn losgeworden zu sein? Wie ist dir aller Sinn abhanden gekommen?

Ich sah ein Eichhörnchen am Baum hin und her klettern. Es wirkte munter, unbeschwert. Es schien zu springen, wie ihm gerade der Sinn danach war. Ich dachte: Es stellt den Sinn seiner Impulse offenbar nicht in Frage; sonst kämen diese nicht zur Ausführung. Was bliebe ihm dann übrig von seinem Leben?

Lässt du grundsätzlich gelten, wonach dir der Sinn steht, und entscheidest dann, was du damit machen willst? Oder neigst du dazu, deinen Impulsen, deinen Gefühlen den Sinn erst einmal abzusprechen? Hältst du das, was sich bei dir regt, nur dann für sinnvoll, wenn es für jemand anders Sinn macht? Erlebst du *Sinn* ans Dasein einer bestimmten Person oder sonst eine Bedingung gebunden? Hast du *Sinn* an jemand hingehängt, der von dir weggegangen ist? Machst du *Sinn* von einer Gegebenheit im Leben abhängig, die veränderlich ist?

Bist du mit der übrig bleibenden Sinnlosigkeit glücklich? Oder wäre dir ein sinnvolles Leben doch lieber? Dann ist ratsam, deine Einstellung zum Leben zu überprüfen. Du entscheidest mit dieser selbst, wie dir alles erscheint, ob sinnlos oder sinnvoll.

Hilflosigkeit durch Sich-klein-Machen

»Früher, da ich unerfahren
und bescheidener als heute,
hatten meine höchste Achtung
andere Leute.

Später traf ich auf der Weide
außer mir noch andere Kälber,
und nun schätz' ich, sozusagen,
erst mich selber.«

Wilhelm Busch

Übersehen werden

Bist du unglücklich darüber, dass du übersehen wirst?

Wie ist es möglich, dass du übersehen wirst? Bist du so klein, dass dies leicht passieren kann, oder machst du dich klein und provozierst damit, was dir nicht gefällt? Siehst du vielleicht sogar selbst über dich hinweg?

Wenn du dich selbst nicht wahrnimmst, dich selbst nicht nimmst, wie du wahr da bist – mit allem, was in Wahrheit zu dir gehört –, und dich so nicht hinstellst: Wie kannst du von anderen wahrgenommen werden?

Du bist unglücklich, übersehen zu werden. Macht es dir doch etwas aus, auf das Sehen-Lassen deiner ganzen Größe zu verzichten? – Offenbar erwacht Interesse in dir, als der, der du wirklich bist, für jedermann sichtbar zu werden. Wenn du dem in dir Raum gibst, wirst du gesehen werden.

Eifersüchtig

Bist du öfter eifersüchtig? Geht es dir gut damit, bist du damit einverstanden? Oder erlebst du es quälend, eifersüchtig zu sein, aber kannst doch nicht anders: Bist du süchtig danach, zu eifern?

Süchtig: Bedeutet dies, etwas treibt dich stark an, eifersüchtig zu reagieren in Bezug auf eine Person, die dir wichtig ist? Drängt es dich, scharf darüber zu wachen, dass nichts anderes geschieht, als wonach du dich sehnst? Bist du gleichzeitig eifrig dabei, von vornherein mit Gegenteiligem zu rechnen? Und kennst du nur Vorsorglich-Angreifen, um für dich zu sorgen? Befürchtest du, wenn du stattdessen dem andern mitteilst, wie sehr dir an seiner Zuwendung gelegen ist, dass er dich dann in der Hand hat? Ist dir fremd, dass du von Moment zu Moment schauen kannst, was tatsächlich kommt; dass du im Fall von Verletzung dich rühren und äußern kannst, was dir weh tut; und dass, wenn du gar nicht gehört wirst, du immer noch wählen kannst, wonach dir dann ist?

Machst du dich nicht klein, wenn du meinst, dass du mit allem Eifer die Beachtung von jemand suchen musst? Hast du nicht mehr von deinem Eifer, wenn du ihn verwendest, um dich selbst zu achten und ebenbürtig jedermann gegenüberzutreten?

Unwichtig

Findest du dich unwichtig? Ist dir auch nicht wichtig, dass du dich so findest? Oder bekümmert es dich doch, dich unwichtig zu finden?

Wenn du unter Unwichtig-Sein leidest: Schaust du dann, wo du dies *Unwichtig* findest? Findest du es beim Blick auf dich selbst oder liest du es woanders ab? Misst du deine Wichtigkeit daran, wie andere mit dir umgehen? Schenkst du dir selbst nur dem entsprechende Aufmerksamkeit? Meinst du, sonst würdest du dich unerlaubt wichtig nehmen?

Bist du mit dieser Sicht einverstanden? Oder wirst du übel gelaunt, wenn das Gewicht deines Daseins angeblich nicht zählt? Erbost es dich doch, wenn andere dich nebensächlich behandeln? Ist dir keineswegs unwichtig, wie mit dir umgegangen wird? Aber schielst du mehr danach, dass Personen, die du wichtig findest, dich wichtig nehmen, als dass du selbst das Geschenk deines Seins voll aufwiegst.

Offenbar ist dir dein inneres Gleichgewicht doch wichtig. Wenn du dieses nicht aufs Spiel setzen willst, tust du gut daran, dich selbst gleich wichtig zu nehmen wie die andern.

Hilflos

Bist du manchmal hilflos? Und wie geht es dir damit? Hast du damit ein Problem? – Was für eine Hilfe bist du dann los?

Erlebst du dich nur hilflos, wenn du Hilfe von Außen bräuchtest und sie nicht bekommst? Oder erlebst du – auch oder gerade dann – dich hilflos, wenn du jemandem helfen willst und dies nicht kannst? Gerätst *du* dann in einen notvollen Zustand, in dem du dir selbst nicht zu helfen weißt? Kommt dann deine Not zum Vorschein, die du erlebst, wenn du einem anderen nicht helfen kannst?

Was für eine Not ist dies? Ist dies Not von dir als Erwachsenem oder ist dies die Not des kleinen Kindes von früher in dir? Ging es dir schlecht, weil du deinen Eltern nicht bieten konntest, was sie von dir erwartet haben? Bist du nur so viel beachtet worden, wie du ihnen Freude bereitet hast? Hast du es notwendig gefunden, dich anzustrengen, dass du ihnen Brauchbares bietest? Musstest du mehr für sie da sein, als dass sie dein Wachstum unterstützt haben? Hast du dich selbst dadurch in doppelter Weise hilflos erlebt und wie wenn du nicht in Ordnung wärst?

Wenn du dich jetzt ohne äußeren Grund hilflos erlebst, siehst du wohl nicht, wodurch du innerlich in Not kommst. Geschieht es nicht dadurch, dass du weiter von dir verlangst, anderes bieten zu müssen, als dir möglich ist? Du kannst dir selbst helfen und dich hilfreich für jemand anders erleben, wenn du die Hilfe, zu der du in der Lage bist, jemandem anbietest und dich damit selbst ganz und gar gelten lässt.

Nicht besonders ..., Sonderling

Leidest du darunter, dass du *nicht besonders* ... bist? Findest du, du wärst kein besonderer Mensch?

Ist dies so, weil es dich öfter gibt, du nicht einmalig bist? Oder meinst du, deine Besonderheit, wie du dich von anderen unterscheidest, würde nicht zählen? – Von woher nimmst du dies? Von deiner jetzigen Wirklichkeit? Oder hat es früher niemand interessiert, wie du tatsächlich bist? Bist du nur wahrgenommen worden, wenn du dich angestrengt hast, besonders lieb und brav zu sein? Und hast du als Kind daraus abgeleitet, sonst wärst du nichts Besonderes?

Hältst du dich eher im negativen Sinn für sonderbar, absonderlich, nicht normal? – Auf welche Norm schaust du dabei? Auf das Leben, wie es in seiner Vielfalt natürlich vorhanden ist, oder auf das, was bestimmte Menschen dir als Norm beigebracht haben? Liest du daran ab, du wärst nichts Besonderes, nur ein Sonderling?

Wenn du unter dieser Sicht jetzt leidest, scheint sie dir nicht zu entsprechen. Statt dich weiter anzustrengen, dich doch als besonders ... zu erweisen, gibt es heute die Möglichkeit, deine tatsächliche Besonderheit gelten zu lassen.

Minderwertig – abhängig

Fühlst du dich minderwertig? Leidest du darunter, nicht viel wert und abhängig zu sein?

Fühlst du, dass du von minderem Wert bist, oder erlebst du, wie es dir ergeht, wenn du deinen Wert in Frage stellst? Aber ist dir Letzteres, weil gewohnt, nicht bewusst? Drängt es dich nur, nach Aufwertung durch jemand anders oder durch Vollbringen einer Leistung zu suchen? Wirst du auf diese Weise allerdings abhängig davon und hängst sonst durch?

Ja, du weißt: Es ginge dir besser, wenn du nicht so abhängig wärst. Aber meinst du, dazu müsstest du ein anderes Gefühl haben können? – Was spürst du denn, wenn du dein vorhandenes Gefühl wahrnimmst? Fühlst du Wohlbehagen, wenn du dich abhängig erlebst? Empfindest du Freude, wenn du dich für minderwertig hältst? Bist du angenehm berührt, wenn dir jemand mit Geringschätzung begegnet? Oder quält dich doch all dies, macht dich traurig und ärgerlich? Aber ist dir fremd, solche Gefühle als Signal zu nehmen, dass dich etwas verletzt, deinem Sein nicht angemessen ist? Bist du viel mehr gewohnt, Schmerzliches als Strafe aufzufassen und zu überlegen, was du wieder falsch gemacht hast?

Dass du dazu neigst, dich für minderwertig zu halten, mag aus alten Erfahrungen stammen. Aber du kannst jetzt neu wählen, ob du den Wert deines Seins noch immer in Frage stellen willst. Wenn du dies aufhörst: Bist du dann noch abhängig?

Hemmungen haben

Bist du unglücklich, dass du so viele Hemmungen hast? Musst du sie haben? Wenn du dich damit nicht wohl fühlst, warum lässt du sie nicht los? Oder ist dir gar nicht bewusst, dass *du* die Hemmungen hast, in der Hand hast?

Bist du so sehr gewohnt, dich zu hemmen, dass du nur die Wirkung davon mitbekommst? Hast du dich deshalb noch nicht gefragt, wozu du dich seither hemmst? Willst du dich damit vielleicht vor etwas bewahren? Willst du so verhindern, kritisiert zu werden für das, was du ungehemmt tun könntest? Meinst du, du müsstest Kritik, wenn sie käme, ungeprüft schlucken? Erscheint dir vorsorgliche Hemmung das einzige Mittel dagegen?

Du willst deine Hemmungen ablegen, aber es geht nicht? Hemmt dich etwas, dies zu tun? Oder bevorzugst du unbewusst noch, dich selbst zu hemmen? Meinst du diese Art Vorsorge doch noch zu brauchen? Wird dir erst langsam bewusst, dass du verletzende Kritik, falls solche kommt, dann einfach zurückweisen kannst?!

Black-out bekommen

Hast du Angst einen Black-out zu bekommen, wenn dein Wissen gefragt ist? Befürchtest du in einer Prüfungssituation einen Blackout?

Von wem meinst du, dass du den Black-out bekommst? Sorgt nicht eine Seite in dir selbst dafür? Empfiehlt vielleicht das Kind in dir, dich wegzumachen? Hast du früher oft erlebt, dass du mit dem, was du weißt, nur auf Kritik stößt? Gab es damals keinen besseren Schutz für dich, als innerlich fortzugehen?

Angst vor Black-out gibt dir einen Anstoß: Verschwinden ist für dich jetzt nicht mehr die Lösung. Es gilt, da zu bleiben und die Stirn zu bieten, wenn dich jemand nicht achtet.

Einer Aufgabe nicht gewachsen

Fühlst du dich einer Situation, einer Person oder einer Aufgabe nicht gewachsen? Hast du damit ein Problem?

Bist du schlechthin nicht gewachsen oder nur nicht so, wie du glaubst, dass du es sein solltest? – Ein Baum ist so gewachsen, wie er ist, nach dem eigenen inneren Gesetz und entsprechend seinen Wachstumsbedingungen. Der einzelne Baum ist für manches geeignet, aber nicht für alles. Jeder Baum ist einmalig in seiner Beschaffenheit, ist ein besonderer.

Und du? Siehst du dich nicht als einmalig? Meinst du, *du* müsstest allem gewachsen sein? Lässt du deinen besonderen Wuchs nicht gelten? Misst du ihn an Aufgaben von außen? – Tust du dies bewusst oder nur aus Gewohnheit? Und wie fühlst du dich dann?

Du löst das Problem mit deinem Gewachsen-Sein, wenn du dir gestattest, dich so, wie du gewachsen bist, hinzustellen.

Nicht erwachsen

Kommst du dir nicht erwachsen vor? Ist dir unwohl dabei?

Kommst du dir so vor, weil du nicht erwachsen bist? Oder erlebst du dich so, weil du in kindlicher Haltung verweilst, dich kindlich verhältst deiner Mitwelt gegenüber? Begegnest du anderen mit Blick von unten nach oben? Vermeidest du, anderen in deiner tatsächlichen Größe gegenüberzutreten? Ist dir dies gar nicht bewusst, weil du lange gewohnt warst, es eh nicht zu dürfen? Hast du dir dies irgendwann selber zu Eigen gemacht?

Wenn dir jetzt unangenehm ist, dich nicht erwachsen zu fühlen, spürst du, dass dir deine Lebensweise nicht mehr entspricht. Nützt du dies Bemerken, um dein Verhalten zu ändern? Oder meinst du, du musst noch auf etwas warten? – Sobald du bewusst selbst entscheidest, wie du jemand begegnen willst, wirst du dich erwachsen erleben.

Gedemütigt

Erlebst du dich gedemütigt von jemand? Findest du es demütigend, wie jemand mit dir umgeht?

Wie kommt es zum Gedemütigt-Sein? Nimmt jemand dir den Mut, aufrecht und mit Würde vor ihm zu stehen? Kann er das einfach von sich aus oder räumst du ihm Macht über dich ein? Nimmst du die Haltung des Untergebenen an, wenn dich jemand herablassend behandelt? Beugst du dich dann vor ihm, so dass er leicht auf dich herabschauen kann? Fühlst du dich ihm unterlegen, weil du dich ihm zu Füßen legst?

Es kann sein, dass dich jemand demütigen will. Das hast du nicht in der Hand. Doch wie du dann dastehst, liegt auch an dir. Wenn du dir den Mut nicht nehmen lässt, aufrecht stehen zu bleiben: Bist du dann gedemütigt?

Nicht gleichgültig

Hast du mit Gleichgültig-Sein ein Problem? *Gleichgültig*, verstehst du darunter: Dass äußeres Geschehen einen nicht mehr berührt; dass man unempfindlich ist, nichts fühlt beim Verhalten von anderen einem selbst gegenüber?

Findest du es nachteilig, dass du so nicht bist; dass du im genannten Sinn nicht gleichgültig, sondern verwundbar bist? Befürchtest du, jemand Grund zum Triumph zu geben, wenn er merkt, dass du kein Stein bist? Hältst du dies für dein Problem? Meinst du dementsprechend, die andern sollten dir gleichgültiger werden? – *Gleich gültig*, lässt sich das steigern? – Ergibt sich dein Problem nicht vielmehr daraus, dass du die andern und dich nicht gleich gelten lässt; dass du dein Erleben, deine Gefühle für weniger gültig erachtest als Entsprechendes von anderen – was du vielleicht so gelernt hast?

Du kommst zu wohltuender Gleichgültigkeit, wenn du dich anderen gegenüber mit dem Eigenen gleichrangig zur Geltung zu bringst.

Sich aufregen

Passiert es dir oft, dass du dich aufregen musst? Kannst du gar nicht anders, als dich immer wieder aufzuregen?

Wenn du jemand anders handeln siehst als dich, schaust du dann bei dir, ob du auch so wählen magst? Wenn es dir nicht entspricht, kehrst du dann einfach zu dir zurück oder regst du dich jetzt über den andern auf? Tust du dich schwer, neben seinem Handeln das Deine genauso gelten zu lassen? Passiert dir, dass du unbewusst seines als maßgeblich nimmst? Bist du ganz innen aber damit nicht einverstanden? Erlebst du den andern dann so, als ob *er* dich aufregt, während tatsächlich *du* dich ihm blindlings unterordnest und zum Ausgleich dafür Dich-Aufregen brauchst?

Gibt es viel anderes, was dich empört? Ist es nur dieses andere, das dich empor treibt oder treibst du dich im Hinblick darauf selbst zusätzlich empor? Äußerst du, wenn dir etwas missfällt, dies einfach dort, wo es hingehört? Oder schürst du in dir Emotionen, indem du dich am dir Missfallenden gedanklich reibst? Heizt du dich damit auf, statt dass du – soweit möglich – aktiv für dich sorgst? Und im Gespräch mit anderen: Regst du dich auf, indem du auf deine natürliche Regung noch etwas draufsetzt? Erscheint es dir nötig, dich aufzuplustern, damit du bemerkt wirst?

Ja, du musst dich aufregen, sagst du. Musst du es deshalb, weil du unbedingt Zustimmung erreichen willst? Meinst du, das Deinige würde sonst nicht zählen? – Wenn du dich gern anstrengst, mit Dich-Aufregen noch dazuzulegen, ist es kein Problem. Andernfalls muss es nicht so bleiben: Du kannst, statt dich aufzuregen, üben, dich mit dem Deinigen einfach gegenüberzustellen.

Unsicherheit durch Sich-Anlehnen

»Die Ros ist ohn Warum.
Sie blühet, weil sie blühet.
Sie acht nicht ihrer selbst,
fragt nicht, ob man sie siehet.«

Angelus Silesius

Nicht zurechtkommen

Tust du dich schwer zurechtzukommen? Inwiefern? Wie äußert sich dies in deinem Leben?

Kommst du allgemein nicht gut zurecht? Hast du Schwierigkeiten im Alltag, das Rechte für dich zu finden? Ist dir nicht geläufig, darauf zu achten, was dir jeweils recht ist? Meinst du etwa, dazu hättest du kein Recht?

Tust du dich schwer mit anderen zurechtzukommen? Weißt du bei Begegnung nicht so recht, wie du dich verhalten sollst? Käme es dir unrecht vor, wenn dir der Sinn nach anderem stünde, als was deinem Nächsten recht ist? Haben sie dich einst zurechtgestutzt, es wäre nicht zu Recht, dass auch du mit dem Deinigen kommst? Läufst du seither mit dieser Einstellung herum?

Woraus entnimmst du, dass die andern das Recht haben zu kommen? Ist es nicht letztlich unser Dasein, woraus sich für jeden – auch für dich – das Recht ergibt, als er selbst zu kommen?!

Sich behaupten müssen

Ist es dir lästig, dich behaupten zu müssen? Findest du es anstrengend, dich selbst zu *behaupten*? Aber erscheint es dir nötig, dies zu tun? Kommst du dir ohne dem *ent*hauptet vor?

Wo ist dein Haupt, dein eigener Kopf? Hat man ihn dir als Dickkopf ausgeredet? Hast du dir abgewöhnt, ihn zu gebrauchen? Vermeidest du tunlichst, dein Haupt zu erheben, um nicht als überheblich verschrieen zu werden? Wagst du nicht mehr, dich aufrecht den andern gegenüberzustellen: Man könnte erkennen, wonach dir der Sinn steht, und dich eigensinnig finden?! Versuchst du, dafür keinen Anlass zu geben und ordnest dich unter? Aber erlebst du es dann als Problem, dich zu behaupten?

Du kannst um die Erlaubnis kämpfen, dein Haupt aufrecht tragen zu dürfen. Weniger Kraft raubend ist es, dein vorhandenes Haupt selbst zu achten und dich aufzurichten.

Hungrig nach Anerkennung

Bist du hungrig nach Anerkennung? – Hast du solche seither zu wenig bekommen?

Wenn du Anerkennung dringlich brauchst: Gibst du dich entsprechend klar selbst zu erkennen und zeigst möglichst viel von dir? Oder registrierst du zwar immer, wenn andere dich zurücksetzend behandeln, aber bemerkst nicht, wie oft du dich selbst mit dem Deinigen zurücksetzt? Vielleicht weil du befürchtest, doch nur verkannt zu werden, wenn du dich weiter vorwagen würdest? Und ist es tatsächlich so, dass du jetzt – soweit du dich zeigst – kaum respektiert wirst? Oder nimmst du Anerkennung, wenn sie kommt, nicht an? Bleibt dein Hunger gleich groß, weil du tatsächliche Anerkennung nicht anerkennst?

Dein Hunger nach Anerkennung meldet: Du brauchst solche; es gibt etwas in dir, das verlangt Respekt. Wenn du selbst respektierst, was bei dir da ist, deine Lebensimpulse, wirst du sie mehr zum Ausdruck bringen. Dadurch begünstigst du mögliche Anerkennung durch andere, während es gleichzeitig auf diese nicht mehr so unbedingt ankommt. Die Anerkennung, die du dir selbst entgegenbringst, verringert die Gefahr des Verhungerns, wenn du bei jemand – im Moment oder immer – die Anerkennung nicht findest, die dir gebührt.

Willkommen sein wollen

Sehnst du dich danach, willkommen zu sein? – Nimmst du wahr, dass man dich nicht will, wenn du kommst? Oder befürchtest du dies, falls du dich ungeschminkt zeigen würdest?

Weißt du nicht, ob du willkommen bist? Erfährst du es nicht, weil du gar nicht so kommst, wie es aus dir heraus will? Strengst du dich an, dich anders zu geben, so, wie die andern dich haben wollen? Gibst du dir Mühe, zu erraten, wie du sein sollst? Lässt du nur das zum Vorschein kommen, von dem du meinst, dass es bei den andern ankommen könnte? – Aber erfährst du bei solchem Verhalten, dass *du* gern gesehen wirst?

Du spürst den Wunsch, willkommen zu sein. Ist es dann nicht an der Zeit, dass du einwilligst in das, was von selbst aus dir kommen will?!

Verlangen dazuzugehören

Spürst du Verlangen dazuzugehören? Sehnst du dich nach Geborgenheit? Fühlst du dich ungeborgen, ausgeschlossen? – Woher nimmst du dies?

Hört niemand dir zu, wenn du dich mitteilst? Oder lässt du von vornherein wenig von dir hören? Erscheint es dir ungehörig, dich persönlich zu äußern? Hast du von irgendwoher im Ohr: »Das gehört sich nicht«?

Gehörst du nicht dazu, zu den Menschen um dich herum? Oder hat man dir eingeredet: Nur was die andern sagen, ist hörenswert; das Deinige kannst du vergessen? Willst du auf keinen Fall solches noch einmal hören? Vermeidest du deshalb deine Meinung zu sagen? – So verfestigst du die Erfahrung, nicht gehört zu werden. Und das Verlangen, dazugehören zu wollen – wird es dadurch nicht noch dringlicher? Verlangst du dann insgeheim von den andern: Sie sollten erraten, womit du jeweils gehört werden willst?

Du vermisst Geborgenheit und Dazugehören? Dies kann sich ändern: Wenn du dich jemandem anvertraust, kann er dich bei sich bergen. Wenn du dich bei den andern zu Gehör bringst – zu dem, was sie sagen, dazu –, kannst du erfahren, dass du dazugehörst.

Gemeinsamkeit brauchen

Erlebst du Gemeinsamkeit bereichernd oder notwendig? Brauchst du unbedingt Gemeinsamkeit? Kommst du draus, wenn du mit einer Ansicht, einem Wollen allein dastehst? Kannst du dein Tun erst genießen, wenn ein anderer es mitmacht? Ist Zusammenleben mit jemand für dich nur befriedigend, wenn ihr eins seid?

Kann es sein, dass du dich selbst sonst nicht gelten lässt? Suchst du in der Gemeinsamkeit Bestätigung für das Deine? Erscheint dir dieses sonst nicht beachtenswert? Gibst du dein eigenes Bedürfnis, deine eigene Meinung leicht auf, wenn du bei deinem Gegenüber etwas anderes siehst? Und die so gewonnene Gemeinsamkeit, bringt sie dir wirklich Freude, oder fühlst du dich dann eher leer und einsam? Trotz Anpassung oder gerade wegen ihr: Weil du dich damit selbst im Stich lässt; und weil du dadurch, dass du nicht mitteilst, was das Deinige ist, auch keinerlei Anteilnahme erfährst.

Dein Leben gelingt nicht ohne dich. Schöner kann es werden miteinander, mit dir, dem einen, und mit den andern.

Beziehung als Problem erleben

Ist Beziehung für dich ein Problem? Wie lebst du seither Beziehung? Ist es vielleicht problematisch, sich so aufeinander zu beziehen, wie du es bis jetzt tust?

Hast du bei *Beziehung* das *Wir* so im Auge, dass du *dich* als Teil davon siehst wie den *andern* auch? Bist du mit deiner Aufmerksamkeit erst einmal bei dir und schaust, was bei dir da ist? Beziehst du dich damit dann auf deinen Partner und interessierst dich, was von ihm kommt? Nimmst du dies zur Kenntnis und prüfst, ob du damit übereinstimmst? Und beziehst du dich damit wieder auf den andern, indem du ihm mitteilst, wie das Seine für dich ist?

Oder achtest du bei Beziehung *einseitig* auf deinen Partner und erwartest entsprechend das Entscheidende von ihm? Oder versuchst du deinen Partner zu ziehen, auf deine Seite, um dem Deinigen Gewicht zu verleihen? Oder schiebst du dich selbst auf seine Seite, um mit ihm zu verschmelzen? Strebst du nach solchem Bezogen-Sein aufeinander, dass du nicht mehr von dir sprechen musst, dass *nur noch* von *Wir* die Rede ist: »Was machen wir heute?« Oder beziehst du dein eigenes Wollen so auf den Partner, als wüsstest du dann auch, was für ihn gut ist?

Beziehung lebt vom Sich-Beziehen: Dass wir uns aufeinander beziehen, ohne mit unserer Aufmerksamkeit auf der einen oder der anderen Seite hängen zu bleiben.

Dilemma: Verzichten oder Kämpfen

Würdest du schon gern tun, was du selbst willst, aber befürchtest du dann Streit mit jemand? Kennst du nur die zwei Möglichkeiten, entweder auf das Deinige zu verzichten oder um die Zustimmung des andern zu kämpfen? Bist du unglücklich über dieses Dilemma?

Ich habe einen Fischreiher gesehen. Er stand in einem Bach und hatte wohl Hunger. Er ließ sich von seinem Bedürfnis leiten, brachte seinen Körper in die zum Fischen geeignete Haltung. Im gegebenen Augenblick konnte er mit dem Schnabel zustoßen und hatte einen Fisch gefangen. Doch dieser war keineswegs einverstanden, zappelte mächtig, um zu entkommen. Und was tat der Fischreiher? Er brachte den Fisch schnell an Land und ließ ihn dort sein. Er wehrte ihm nicht sein Gezappel, blieb bei sich und putzte sein Gefieder. Es dauerte nicht lange, bis er sein Vorhaben – ohne Zustimmung des Fisches – vollenden konnte.

Hat der Fischreiher im Interessenkonflikt verzichtet? Hat er um die Einwilligung des Fisches gekämpft? Oder zeigt sein Verhalten bei existentiellem Bedürfnis eine natürliche Alternative: Im Konfliktfall einfach bei sich bleiben; das für einen selbst Notwendige tun, ohne sich mit dem andern anzulegen; des anderen Reaktion akzeptieren, ohne sich selbst drausbringen zu lassen?

Auseinandersetzung scheuen

Auseinandersetzung, scheust du die? Wünschst du dir immer nur Einssein? Aber was machst du, wenn eure Bedürfnisse, eure Meinungen auseinander liegen? Möchtest du dann nicht auch deinen Platz haben neben dem andern, auch bei Verschiedenheit mit dem Deinigen da sein können?

Auch auseinander, trotzdem in der Nähe des andern dich setzen können, das würdest du gerne? Aber glaubst du, nur für einen gibt es Platz und dieser Platz muss erfochten werden? Kennst du statt Sich-auseinander-Setzen nur Gegeneinander-Anrennen, Übereinander-Herziehen, Aneinander-Zerren, Miteinander-Kämpfen, Aufeinander-Einschlagen, Sich-ineinander-Verkeilen? So dass nichts auseinander, sondern alles nur umso mehr durcheinander ist? Meinst du, du musst dich durchboxen, es ginge um Sieg oder Niederlage? Ist dir fremd, dass du mit dem Deinigen einfach da sein und dich mit dir Wichtigem auch durchsetzen kannst, indem du auf deinem Platz beharrst? Befürchtest du, dass Zusammen-Sein mit dem andern dann aus ist; dass es zum Auseinander-*Gehen* führt, und das für immer? Aber passiert Letzteres durch Sich-auseinander-Setzen oder durch das, was oft stattdessen geschieht?

Bei Uneinigkeit im Blick zu haben, sich auseinander setzen zu können, trägt dazu bei, dass Sich-Zusammensetzen erstrebenswert erscheint: Jedem seinen Platz einräumen und aufeinander hören. Dann hat Annäherung eine Chance.

Niemand enttäuschen dürfen

Nur ja niemand enttäuschen: Ist dir das sehr wichtig? Findest du es sehr schlimm, wenn jemand von dir enttäuscht ist?

Wenn jemand von dir enttäuscht ist, muss er sich vorher getäuscht haben. Vielleicht hat er sich ein Bild von dir gemacht, wie er dich gern hätte. Wenn er jetzt seine Enttäuschung dir ankreidet, liebt er wohl mehr sein Bild, als dass er bereit ist, dich anzunehmen, wie du bist. Strengst du dich bisher an, seine Täuschung aufrechtzuerhalten, um nur ja gemocht zu werden?

Bist du damit ganz einverstanden, wenn dich jemand als enttäuschend abqualifiziert? Verletzt es dich nicht, wenn er sich von dir abwendet, bloß weil du seinem Wunschbild nicht entsprichst? Und teilst du dies – gegebenenfalls – auch mit? Oder ziehst du dich eher genauso enttäuscht vom andern zurück? Oder verlangst du dann von dir, dich noch mehr anpassen zu müssen? Gehst du blindlings auf die andere Seite: Nimmst du sein Bild von dir als maßgeblich hin und hältst dich selbst für ungenügend?

Unterliegst du nicht selbst einer Täuschung? Meinst du, du darfst nicht aus dem Rahmen fallen, in den andere dich stecken wollen? – Es kann sein, dass du mit einem Tun jemand anders enttäuschst. Dann kommt es darauf an, dazu zu stehen, dass du anders bist, als wie er sich eingebildet hat.

Ablehnung fürchten

Hältst du es für selbstverständlich, Ablehnung zu fürchten? Erscheint dir Ablehnung sehr gefährlich?

Was ist so Furcht erregend schlimm an Ablehnung? Ist es nur der – verständliche – Schmerz, von jemand abgelehnt zu werden? Oder wird Ablehnung erst durch etwas anderes so schlimm? – Wie gehst du damit um, wenn jemand anders dich ablehnt? Nimmst du wahr, wie dieses dir schmeckt und lässt dir dein eigenes Empfinden? Oder wendest *du* dich dann auch von dir ab? Hältst du dich selbst dann für ungenügend, um dich weiter anlehnen zu dürfen?

Fürchtest du Ablehnung, weil du dann nicht mehr zu dir stehen kannst? Dann? Und davor? Stehst du denn zu dir, wenn du Ablehnung fürchtest? Ist es nicht umgekehrt: Weil du nicht genügend zu dir stehst, deshalb erscheint dir Ablehnung so gefährlich. Aber bist du so sehr gewohnt, dich bei jemand anders anzulehnen, dass dir dies nicht mehr bewusst ist? Bekommst du nur noch die Auswirkung mit: Angst vor Ablehnung?

Deine Angst vor Ablehnung kann dich warnen: Dein Halt ist gefährdet, wenn du ihn vor allem im Dich-Anlehnen suchst; wenn du dich mehr an jemand anders hältst als an dich. Wenn der andere als dein Halt dann weggeht, gerätst du unweigerlich ins Fallen. Du musst Ablehnung weniger fürchten, wenn du dir deiner eigenen Beine bewusst wirst und dich auf sie stellst.

Verlassen

Bist du von einem geliebten Menschen verlassen worden? Ist dies sehr bitter für dich oder noch viel schlimmer?

Erlebst du dich jetzt katastrophal im Stich gelassen? Wieso ist das so? Hast du es seither vielleicht ganz dieser Person überlassen, wie dein Leben verläuft? Hast du unterlassen, dein Leben von dir her zu gestalten? Hast du versäumt, deine eigenen Impulse zu beachten? – Meinst du, keine Zuverlässigkeit in deinem Fühlen und Wollen zu finden? Glaubst du von irgendwoher, du dürftest dich nicht auf dich verlassen; du müsstest es schon jemand anders überlassen, zu wissen, was für dich gut ist?

Wenn du dich nun mehr auf jemand anders verlässt, wie geht es dir dann? Du erlebst es als Katastrophe, verlassen zu werden. So ist es, ohne Verlass auf das, was dir als einziges verlässlich gegeben ist, dein Leben. Dass ein anderer Mensch immer bei dir bleibt, hast du nicht in der Hand. Aber du kannst wählen, worauf du dich letztlich verlassen willst.

Wenig Selbstvertrauen haben

Hast du wenig Selbstvertrauen und leidest daran? Tut es dir Leid, dass du dir selbst so wenig vertraust? Oder beklagst du nur, dass du nicht genug Vertrauen in dich mitbekommen hast?

Wenn du mit Selbstvertrauen ein Problem hast, zeigt dies: Du brauchst es, dir selbst mehr zu vertrauen. Aber vielleicht denkst du: Genau das kann ich nicht wegen manchem von früher. Und das mag freilich – zunächst einmal – auch so sein. Doch begnügst du dich damit? – Lässt du den Schmerz über so wenig Selbstvertrauen nicht an dich heran? Hast du dadurch nicht genügend Veranlassung, anders mit dir umgehen zu lernen? Bist du zwar unzufrieden mit den Folgen deiner Einstellung; aber bevorzugst du gleichwohl die alte Gewohnheit: Lässt du nach wie vor lieber andere entscheiden, welche Schritte du tun kannst? Liegt dir noch viel daran, es jemand anderem anlasten zu können, wenn du daneben trittst? Meinst du, dir dürfte ein Fehltritt nicht passieren?

Leiden an mangelndem Selbstvertrauen will dich zu dir selbst führen. Entgegen dem, was du gelernt hast, meldet das Leben in dir: Du brauchst es, dir selbst mehr zu vertrauen. Je mehr du dich darin übst, dich zu trauen, du selbst zu sein, desto mehr kannst du mit dir gute Erfahrung machen. Dadurch wird dein Selbstvertrauen von selbst erstarken.

Unsicher

Fühlst du dich oft unsicher? Quält dich dies?

Bist du nicht sicher, wie alles verlaufen wird, ob für dich immer nur angenehm? – Solche Sicherheit gibt es für niemand. – Bist du in einer bestimmten Angelegenheit noch unsicher, was du tun willst? Lässt du dies dann gelten und nimmst dir die Zeit, dies genau zu ergründen?

Oder fühlst du dich allgemein unsicher? – Weißt du nicht sicher, ob du Du bist? Oder ist dir fraglich, ob du in Ordnung bist, so wie du dich vorfindest? Und auf welche Ordnung schaust du da? Auf die natürliche Ordnung, wie du sie erkennst, oder auf eine, die andere dir beigebracht haben? Bist du unsicher, ob du dem entsprichst, was andere von dir erwarten; ob du ihrer Liebe sicher sein kannst, wenn du *nur* Du bist? Versuchst du dich abzusichern, indem du dich hinstellst, wie du bei den andern gut dazustehen meinst? Und wirst du dadurch dann sicher? Oder zeigt dein Unsicher-Bleiben, dass du Sicherheit nicht gewinnen kannst, wenn du auf den eigenen Standpunkt verzichtest und deinen Schwerpunkt weiter nach außen verlagerst?

Sicher wird man vom Zu-sich-Stehen. Freilich wirst du, wenn du anfängst, zu dir zu stehen, dich nicht gleich von Anfang an sicher fühlen: Untrainierte Beine sind wackelig. Aber immer wieder üben, zu sich zu stehen, ist das sicherste Mittel, um sicher zu werden.

Allein – einsam

Allein sein: Ist das schlimm für dich? Versprichst du dir Gutes nur von Dabei-Sein? –

Und wenn du bei anderen bist, fühlst du dich dann immer wohl oder erlebst du dich auch dann manchmal einsam? Wie erklärt sich dieser scheinbare Widerspruch: Du bist bei anderen – was dir als Bedingung für Wohlsein erscheint – und fühlst dich trotzdem ganz allein? Äußerlich bist du es dann offensichtlich nicht, aber gefühlsmäßig. Woraus resultiert dein Gefühl? Aus der Wahrnehmung, dass die andern sich von dir abwenden? Oder ziehst du dich aus Angst, dass sie dies tun könnten, selbst innerlich zurück? Trägst du mit deinem Verhalten dazu bei, dass du mit all dem Deinigen letztlich allein bleibst? Hast du kaum etwas vom Dabei-Sein, weil du nur körperlich da bist?

Wenn du aber äußerlich tatsächlich allein bist, was fühlst du dann? *Fühlst* du überhaupt dich, allein? Oder schenkst du dir, allein, selbst kaum Aufmerksamkeit? Hältst du, was *nur* von dir gewollt, gefühlt, gedacht wird, für nicht so beachtenswert? Und hat solche innere Einstellung dann weniger Auswirkung auf dein Befinden, als wenn du von außen allein gelassen wirst? Oder erlebst du dich gerade dadurch, dass du dich selbst von dir abwendest, so schlimm einsam?

Bei allem Allein-Sein ist doch alles ein Sein! Du bist weniger einsam, wenn du dein Sein allein genauso viel achtest, wie wenn andere mit dir sind.

Druck durch
Sich-Fremdes-Aufladen

»Pflicht ist es, zu sein,
und nicht, dies oder das zu sein.
›Ich bin, der ich bin‹,
das ist die ganze Wahrheit.«

Ramana Maharshi

Ärger auf sich ziehen, »ausbaden«

Befürchtest du, Ärger auf dich zu ziehen, wenn du jemandem Nein sagst? Ist dies schlimm für dich, so dass du alles tust, um Ärger beim andern nicht aufkommen zu lassen? Meinst du, du musst sonst ausbaden, wie der andere darauf reagiert?

Wenn du ungern Ärger auf dich ziehst, scheinst du dies nicht absichtlich zu tun. Aber holst du gewohnheitsmäßig fremden Ärger immer zu dir her; so als ob nur du mit deinem Tun die ganze Ursache davon wärst? Meinst du: Wenn du keinen Ärger haben willst, bleibt dir nur, auf alles zu verzichten, was jemand anders missfallen könnte?

Vielleicht wird dir erst jetzt voll bewusst, was du schon länger sagst, dass du es bist, der fremden Ärger auf sich zieht. Du hast weniger Ärger, wenn du solchen bei der Person lässt, die ihn zunächst erlebt. Und was das Ausbaden betrifft: Statt in einem Bad, das dir zu heiß oder kalt ist, zu warten, bis es aus ist, kannst du auch »eigenmächtig« rausgehen.

Unter Verantwortung stöhnen

Magst du Verantwortung haben oder ist solche dir lästig? Magst du nicht angesprochen werden und da sein mit deinem Wort als Antwort auf deine Mitwelt? Und weißt du auch warum?

Verbindest du mit Verantwortung Belastendes? Ist dir Antworten als solches lästig oder lädst du dir mit Verantwortung etwas Schweres auf? Gehst du davon aus, dass die Antwort, die du auf eine Situation leicht geben könntest, nie genug wäre? Verlangst du von dir, immer so antworten zu müssen, wie andere es erwarten – tatsächlich oder vermutlich –? Meinst du: Wenn du verantwortlich sein willst, darfst du keineswegs handeln, wie es dir entspricht? Erscheint dir dann verwehrt, was du selbst willst, zu äußern? Musst du dies dann irgendwie verpacken? Bleibt dir dann nur, darauf zu hoffen, dass es auch erraten wird?

Freilich, jedes Wort, jedes Tun deinerseits ruft eine Antwort beim andern hervor, die du zu spüren bekommst: Damit bist du konfrontiert; das gehört zu deiner Verantwortung. Aber bedeutet dies auch, dass die fremde Antwort schlechthin auf *dein* Konto geht? Hältst du dich für sie in dem Sinn verantwortlich, wie wenn sie als ganze nur von dir verursacht wäre? – Liegt deine Verantwortung nicht eher im Anerkennen, dass dein Handeln immer eine Wirkung hat und du daraufhin erneut mit Antworten dran bist?

Auch jetzt ist deine Antwort gefragt. Statt unter Verantwortung weiter zu stöhnen kannst du auch schauen, wie du auf all dies nun antworten willst.

Sorgen haben wegen jemand

Hast du oft Sorgen wegen jemand? Ist dies so, weil du dich jeweils freiwillig um denjenigen sorgst? Oder wirst du automatisch sorgenvoll belastet, sobald du vom Problem eines dir nahen Menschen hörst?

Wie passiert dies? Lädt die andere Person dir auf, dich um die Lösung zu kümmern? Oder tust du dies von dir aus, ohne dass du darum gebeten wirst? Meinst du von vornherein, wenn dir jemand sein Problem anvertraut, du müsstest es ihm abnehmen können? Zerbrichst du dir dann sofort den Kopf, was du ihm raten sollst? Und willst du entsprechend das, was du für die Lösung hältst, dem andern unbedingt aufdrängen? Bist du frustriert, wenn dein Vorschlag nicht angenommen wird? Machst du dir weiter Sorgen und wirst dabei ärgerlich auf den andern: ›Wegen dir muss ich mir solche Sorgen machen!‹?

Ist dir nicht ausreichend bewusst, dass du dir selbst auflädst, was dich belastet? Tust du dies eben wie gewohnt, weil es dir einst so vorgelebt oder so von dir erwartet worden ist? Stellst du dir deshalb gar nicht die Frage, ob du das Fremde schleppen willst? Prüfst du deshalb auch nicht, ob du mit deinen Sorgen der anderen Person überhaupt hilfst? Wähnst du vielmehr den, der ein Problem dir erzählt, als Ursache deiner sorgenvollen Belastung?

Sorgen, die dir zu viel sind, gilt es, selbst loszulassen. Dies gelingt dir, wenn du wach bist für deine Gedanken. Je mehr du dich darin übst und auch für dich sorgst, umso weniger wirst du ungewollte Sorgen um andere haben.

Widerwillig verpflichtet

Fühlst du dich verpflichtet und bist damit einverstanden? Oder ist es dir zuwider, wie du dich verpflichtet fühlst? Was bedeutet für dich *verpflichtet* sein?

Hast du freiwillig etwas auf dich genommen, es für jemand zu tun? Bist du so – bewusst – eine Verpflichtung eingegangen? Fühlst du dich entsprechend verpflichtet, das Übernommene jetzt als deine Aufgabe auch anzuerkennen und zu erledigen?

Oder fühlst du dich zwanghaft verpflichtet? Erlebst du dich zu einer Verpflichtung genötigt? Wie kommst du in diese Not? Lässt du dich in die Pflicht nehmen, obwohl du dazu nicht bereit bist? Spürst du Widerwillen, aber nimmst diesen bei dir nicht ernst, um dein Verhalten zu ändern? Bleibst du in der Verpflichtung, ohne zu beachten, dass und wie du selbst wählst? Klagst du stattdessen darüber, dass du dich verpflichtet fühlst, und überlässt es weiter den andern, ob sie dir etwas abnehmen?

Wenn du dich unangenehm verpflichtet fühlst, will ein rotes Lämpchen dir leuchten: Wider deinen Willen übernimmst du eine Pflicht. Jetzt kannst du auf Erleichterung von außen warten oder – angenehmer – das blind Übernommene selbst ablegen.

Unter Druck kommen

Passiert es dir öfter, dass du unter Druck kommst? Bringt dann jemand anders dich unter Druck? Übt die jeweilige äußere Situation Druck auf dich aus? Und erlebt jeder dadurch den gleichen Druck? Oder spielst du dabei auch eine Rolle?

Du kommst unter Druck, sagst du. Gehst du mit Situationen so um, dass du unter Druck gerätst? Erlaubst du dir nicht, so zu handeln, wie es dir gut tut? Bist du gewohnt dir aufzudrücken: Du musst ein Soll erfüllen, musst anders reagieren, anders fühlen und wollen, als wie es dir entspricht? Hast du von irgendwoher verinnerlicht, du musst mehr können, als dir möglich ist?

Dennoch weißt du offenbar, dass du Druck nicht magst. Woher? Du empfindest Unwohlsein, wenn du unter Druck kommst. Das ist deine Chance; damit hast du ein verlässliches Warn-Signal. Wenn du dieses beachtest, wird es dir möglich, jeweils bewusst zu wählen, ob du dich weiter unter Druck stellen willst.

Es fällt mir schwer

Hast du ein Problem damit, dass dir manchmal etwas schwer fällt? Hältst du dich deshalb für ungenügend?

Schwer fallen kann dir etwas, wenn du es können möchtest, aber noch nicht ausreichend geübt hast. Lässt du dies gelten? – Es kann auch sein, dass du etwas gern tun würdest, doch mit Blick auf dir noch Wichtigeres darauf verzichtest. Anerkennst du, wenn dir dies nicht ganz leicht fällt?

Vielleicht fällt dir aber auch etwas von außen Kommendes schwer und zwar deshalb, weil bei dir Eigenes dagegen steht. – Getraust du dich dann, dies einfach zuzugeben? Oder strengst du dich eher an, gegen deinen Willen zu handeln? – Wundert dich, dass Schwimmen gegen die Strömung viel Kraft kostet? – Möchtest du schon mit deinem Energiefluss mitgehen? Aber wagst du es nicht, dich ihm ganz anzuvertrauen, weil er in eigene Richtung geht? Folgst du deinem Impuls, aus Angst, Kontra zu bekommen, nur halbherzig? Fällt dir dadurch dann auch dein Eigenes schwer?

Möchtest du es leichter haben? – Findest du es zu leichtfertig, so zu handeln, wie es zufällig dir leicht fällt?

Aushalten

Aushalten, tust du dies gern? Wie kommst du zum Aushalten?

Wenn eine Situation dir unangenehm ist: Achtest du auf deine Empfindung, schaust, wonach dir ist, und handelst dann entsprechend? Oder greifst du bei allem, was kommt, selbstverständlich zu und hältst es, bis es als solches ›aus‹ ist? Bist du nicht gewohnt, selbst zu entscheiden, wie viel du mit etwas zu tun haben willst?

Wenn dir jemand weh tut: Spürst du dann deinen Schmerz oder Ärger, lässt ihn dir und zeigst dich damit? Oder strengst du dich an, die aufkommenden Gefühle auszuhalten, still bei dir zu behalten, bis sie ›aus‹ sind? Kämst du dir sonst haltlos vor? Musstest du dich einst daran halten, alles was dir hingehalten wurde, ohne Murren zu nehmen? Durftest du dich nicht verhalten, wie dir ehrlich zumute war? Blieb dir nur, Zurückhaltung zu üben? Wär' es sonst ›aus‹ gewesen mit dem Halt, den du damals gebraucht hast? Ist dir fremd, dass *du* liebevoll gehalten wirst bei all deinen Gefühlen? Ist dir nicht vertraut, dass du mit ihnen da sein darfst, bis sie vorbei sind?

Wenn du jetzt aber Aushalten satt hast, ist es an der Zeit, damit aufzuhören. Stattdessen ist Anfangen angebracht, dich daran zu halten, dass du nichts mehr blind aushalten willst.

Unter Vorwürfen leiden

Leidest du sehr, wenn du Vorwürfe bekommst? Erscheinen Vorwürfe dir gefährlich? Tust du dich schwer, damit umzugehen?

Wenn du von jemand einen Vorwurf bekommst: Wie gehst du mit solchem seither um? Prüfst du, ob du damit einverstanden bist oder nicht, und sagst dies? Oder kämpfst du gegen Vorwürfe mit Gegenvorwürfen? Und kommen dann keine weiteren Vorwürfe? – Oder nimmst du, was man dir vorwirft, grundsätzlich hin und machst es dir unbesehen zu Eigen? Bist du anfällig für Vorwürfe, weil du selbst deinen Willen, deine Gefühle für Etwas-zum-Wegwerfen hältst? Hast du dein Eigenes einst als verwerflich erfahren? Haben andere dir aus deiner eigenen Art oft einen Vorwurf gemacht? War es da doch besser, solchen anzunehmen, als nichts zu bekommen?

Verletzende Vorwürfe bei dem zu lassen, der sie macht, oder, wenn du sie schon genommen hast, wieder wegzulegen: Gibt es das nicht in deiner seitherigen Erfahrung? Ist diese Möglichkeit für dich neu?

Ertragen oder sich zurückziehen?

Hast du es satt, Verletzung zu ertragen? Ziehst du dich zurück, um nicht mehr verletzt werden zu können? Meinst du: Sonst müsstest du dir gefallen lassen, was geschieht; müsstest es allein und still tragen, egal wie es dir damit ergeht?

Wasser muss man nur tragen, wenn es zu Eis gefroren oder im Eimer gefangen ist.

Hast du deine Gefühle eingefroren, so dass du Verletzt-Werden mit Tragen-Müssen verbindest? Drückst du Traurigkeit oder Zorn über Verletzung weg und sperrst sie ein? Kommen sie nicht heraus und können so nicht abfließen? Trägst du sie mit dir herum? Meinst du, mit dem Äußern deiner Gefühle würdest du andere belasten? Hast du dich einst damit als lästig erfahren? Ist dir nicht vertraut, dass du dich den andern offen zumuten kannst? Und kennst du, wenn du nicht auch verletzen willst, als Alternative nur, dich zurückziehen oder Verletzung ertragen?

Beim Hinschauen auf Wasser kannst du bemerken: Man muss es nur tragen, solange es zu Eis gefroren oder im Eimer gefangen ist.

Beleidigt

Geschieht es öfter, dass du beleidigt bist? Geht es dir nicht gut damit? Aber kennst du keinen Weg aus dem heraus?

Weißt du schon, wie du in das Beleidigt-Sein hinein kommst? Ist dir ganz klar, welches Erleben du damit benennst?

Wirst du beleidigt einfach dadurch, dass dir Leid widerfährt; dass etwas geschieht, das dir weh tut? Oder gerätst du dann in Beleidigt-Sein, wenn du bei dir zugefügtem Leid deinen Schmerz nicht äußerst, sondern schluckst; wenn du bei Kränkung deinen Ärger nicht zeigst, sondern zumachst und dich eingeschnappt vom andern zurückziehst? Dann kann schon geschehen, dass heimlicher Groll krank machend in dir weiterwirkt.

Beleidigt-Sein kann aufhören, wenn du dich aussprichst bei dem, der dir Leid angetan hat.

Im Trotz stecken

Erlebst du dich trotzig? Spürst du, wie du keine Lust hast, deinen Trotz aufzugeben? Aber fühlst du dich darin doch auch feststecken; bist du damit unangenehm allein?

Wenn Trotz bei dir da ist, hat er wohl eine wichtige Funktion. Brauchst du ihn, weil du bis jetzt keine bessere Möglichkeit siehst, zu dir zu stehen? Versuchst du dies in trotziger Art, weil du befürchtest, sonst deinen Stolz zu gefährden? Haben alte Erfahrungen dir beigebracht, nur mit verstockter Härte und Starrsinn dein Eigenes bewahren zu können? Ist dir fremd, dass neben dem, was andere fühlen oder wollen, auch das Deinige Platz hat? Befürchtest du, mit Dich-Öffnen verraten und verkauft zu sein? Meinst du, mit Zeigen deines Wunsches nach Annäherung ausgeliefert zu sein?

Du brauchst deinen Trotz, solange du dich bei deinem Gegenüber sonst für verloren hältst. Wenn du aber bewusst dir das Recht nimmst, mit dem Deinigen da zu sein: Ist dann Trotz noch notwendig?

Angst, die Kontrolle zu verlieren

Hast du Angst, die Kontrolle zu verlieren: Kontrolle worüber? Über dein Erleben?

Befürchtest du, von einem Gefühl überwältigt zu werden? Hast du Angst, dabei verloren zu gehen? Rechnest du mit schlimmen Folgen, wenn deine Gefühle zum Vorschein kämen? Kennst du dies so von irgendwoher? Musstest du früher kontrollieren, mit welchen Gefühlen du da sein darfst und in welchem Maße? Erscheint es dir deshalb zu riskant, die Kontrolle von dir aus zu lockern? Hältst du deine Gefühle als solche für gefährlich?

Ist Dampf zu fürchten, solange er abziehen kann? Oder ist es gefährlich, Dampf längere Zeit einzusperren?

Angst, die Kontrolle zu verlieren, lässt dich die Enge spüren, in die du kommst, wenn du deine Gefühle strikt überwachen willst. Du kommst aus der Enge heraus, wenn du auf Kontrolle verzichtest und dir gönnst, gefühlsmäßig bewegt zu sein.

Einengung durch Sich-Verurteilen

»... wird der Fehler ja heute immer noch nur als Beweis für Versagen angesehen, anstatt ihn als das zu benutzen, was er ist, als Orientierungshilfe. Denn auch die große positive Bedeutung des Fehlers ergibt sich wieder aus biologischen Wechselwirkungen. Nur indem wir uns an Fehlern entlang tasten, lernen wir als Säuglinge das Köpfchen heben, laufen, uns in der Umwelt zurechtfinden. So ist die Rückkoppelung mit dem Fehler, die ja nichts anderes als das Tasten eines Lebewesens in seiner Umwelt ist, der Grundvorgang des Lernens überhaupt. Ihn wieder als solchen einzusetzen, den Fehler vom Frustrations-Erlebnis zum Erfolgs-Erlebnis umzuwandeln, wäre eine der wichtigsten Aufgaben einer Schulerneuerung ...«

Frederic Vester

Kontrollzwang

Leidest du unter Kontrollzwang? Musst du dein Tun ständig überprüfen? Befürchtest du, es könnte durch dich sonst ein Unglück passieren?

Offenbar ist dir wichtig, niemand zu verletzen. Aber verlangst du darüber hinaus von dir, dass dein Handeln niemals jemand wehtun darf? Hältst du dich sonst für schlecht? – Bist du früher verurteilt worden, wenn dein Tun jemandem unangenehm war? Erlaubst du dir deshalb keine aggressiven Regungen mehr? Traust du dich nicht mehr, mit deinem Willen an jemand heranzutreten? Verwehrst du dir dein Nein, wenn dir etwas missfällt? Schluckst du deinen Ärger hinunter, wenn jemands Verhalten solchen bei dir auslöst? Verbietest du dir grundsätzlich derartige Regungen? – Gibt es diese dann nicht mehr in dir oder musst du sie jetzt vor dir verstecken? Sammeln sie sich in dir als Verdrängtes? Wird dieses immer mehr und bedrängt dich als böses Monster? Weißt du dann nichts Besseres zu tun, als dein Handeln auf solch Monsterhaftes hin streng zu überwachen?

Dich zu zwingen, *nur lieb* zu erscheinen, damit du nicht verurteilt wirst, ist eine Möglichkeit, dich zu schützen. Du kannst aber auch, wenn du den dauernden Kontrollzwang leid bist, stattdessen, falls Verurteilung kommt, dich dann dagegen ausdrücklich verwahren.

»Sich beschissen fühlen«

Geht es dir so, dass du dich beschissen fühlst?

Ist dies so, weil die Lebensumstände für dich gerade sehr unangenehm sind? Meinst du, das Leben würde dich bescheißen, wenn es dir nichts Besseres bietet? Es kann sein, dass du im Moment in »Scheiße« gefallen bist. Aber schaust du dann auch, was dir am ehesten jetzt zu tun entspricht, oder bleibst du nur wie gebannt in der »Scheiße« sitzen? Fühlst du dich beschissen, weil du ausschließlich auf die »Scheiße« starrst und versäumst, den verbleibenden Spielraum zu nützen?

Oder hat eine bestimmte Person dich um etwas betrogen, was dir zusteht? Forderst du dies nicht ein? – Oder hat dich jemand mit »Scheiße« beworfen, die an dir klebt? Hast du bis jetzt unterlassen, diese selbst von dir abzuwischen? – Oder erlebst du dich von jemand um dein Glück beschissen? Gestehst du dir deine gefühlsmäßige Reaktion nicht zu? – Oder scheißt du dich selbst blindlings an? Beschimpfst du dich, nimmst du dir irgendetwas übel: dass dir dies passiert oder jenes misslungen ist, oder wie du da und dort reagiert hast?

Jedenfalls: Wenn du dich beschissen fühlst, lohnt es sich nachzuschauen, ob du selbst – unabsichtlich – dich auf die eine oder andere Weise um dein mögliches Wohlbefinden bescheißt. Dann bekommst du es in die Hand, dies nötigenfalls zu ändern.

Mit sich kämpfen müssen

Kennst du dies, dass du mit dir kämpfen musst? Und tust du dies gern? Oder meinst du es zu müssen, wenn Gefühl und Verstand verschieden sprechen?

Möchtest du bewusst oft anders handeln, als wozu es dich gefühlsmäßig drängt? Erlebst du deine Gefühlsseite zu stark, um mit dem Verstand gegen sie anzukommen? Erscheint es dir aber ganz selbstverständlich, *gegen* sie vorgehen zu müssen, wenn du abweichend von ihr handeln möchtest? Meinst du, solang es in dir einen Widerspruch gibt, könntest du nur dich ihm ausliefern oder ihn bekämpfen? – Hast du von irgendwoher die Vorstellung, bei unterschiedlichen Interessen muss eines verschwinden? Ist dir nicht vertraut, dass jedes Achtung und Anhörung verdient und dass dann Abwägen dran ist, was im Moment Vorrang hat? – Ist dir fremd, auch deine Gefühlsseite freundlich neugierig zu fragen, weshalb sie sich so lautstark meldet? Sie hat bestimmt ihre Gründe, vielleicht aus alter Erfahrung. Wenn du diese bemerkst, kannst du dann nicht trotzdem wählen, ob du dich jetzt danach richten willst?

Wenn du gegen einen Teil von dir ankämpfst, gerätst du in Clinch mit dir. Du hast mehr von deiner Kraft, wenn du sie für dich verwendest: wenn du dein Erleben genau anschaust und dann bewusst entscheidest, wie du jetzt handeln willst. Je öfter du so mit dir umgehst, desto weniger wirst du mit dir kämpfen müssen.

Emotionen nicht im Griff haben

Beklagst du, dass du deine Emotionen nicht im Griff hast? Inwiefern ist dies für dich ein Problem?

Beklagst du, dass du deine Emotionen zu wenig begreifst und nicht bewusst damit umgehen kannst? Oder klagst du dich dafür an, dass du starke Gefühle hast und nicht fähig bist, diese fest im Griff zu haben? – Lässt sich Wasser in den Griff nehmen?

Möchtest du keine Gemütsbewegungen spüren? Oder verlangst du von dir, sie müssten unbemerkbar bleiben? Willst du emotionslos, rein sachlich auf deine Mitwelt reagieren? Sachlich, auf tatsächliches Geschehen bezogen, oder so, als ob du selbst eine Sache wärst? *Sachlich reagieren* kann vernünftigerweise doch nur bedeuten, dich mit deinem Handeln auf die Sache, die Realität zu beziehen. Und gehört zu dieser nicht, dass sie dich auch innen bewegt? Aber vernachlässigst du diese subjektive Seite gegenüber der objektiven? Ist dies so, weil dir dieser Teil der Realität für dein Handeln nicht wichtig ist? Oder bist du nur nicht gewohnt, auch darauf zu achten? – Gab es in deiner Kindheit keine Beachtung dafür, wie dir gefühlsmäßig zumute war? Hast du gelernt, deine Emotion wäre unangebracht, sie dürfte nicht sein? Versuchst du deshalb, sie zu verbergen – in geschlossener Faust, bis sie geballt deiner Hand entgleitet?

Wenn du eine gefühlsmäßige Regung nicht haben willst, passiert leicht, dass sie unbemerkt dich hat und dich blind mitreißt. Diese Gefahr schwindet, wenn du deine Emotionen dir lässt und wach damit umgehst.

Schwach

Schwach sein, verurteilst du dies an dir? Willst du nicht zulassen, wie ein Baum bei Sturm bewegt zu werden? Willst du nicht spüren, dass jemands Verhalten dir etwas ausmacht? Oder willst du deine weiche, beeindruckbare Seite nur niemand verraten?

Hast du die Erfahrung gemacht, es bekommt dir übel, wenn du dich zeigst mit deinen Gefühlen? Übel, weil es dir nicht entsprochen hat, dich zu äußern? Oder übel, weil andere dann übel mit dir umgegangen sind? Haben sie dir die Offenheit angekreidet, auch sensibel, verletzlich und nicht nur stark und gepanzert zu sein? Haben sie dich dann als schwächlich in eine Schublade gesteckt oder deine Schwäche sonst irgendwie ausgenützt? Lebst du deshalb in der Vorstellung, es wäre gefährlich schwach, dass du kein Stein bist?

Kein Stein: Also du weißt, dass du zarter gebaut bist, empfänglicher für Eindrücke; dass du eine Seele hast. Willst du – bewusst – dir dies übel nehmen? Meinst du, du hast eine schwache Wirkung, wenn du dich so, wie dir wirklich zumute ist, den andern gegenüberstellst? Wäre es nicht stark, auch zu deiner Schwäche, zu deinem Mensch-Sein zu stehen?

Bedürftig

Möchtest du am liebsten niemals bedürftig sein? Ist dir unangenehm, von anderen etwas zu brauchen? Willst du dies tunlichst vermeiden?

Willst du nicht, dass deine Bedürfnisse gestillt werden, oder willst du dich nur nicht zeigen mit ihnen? Sehnst du dich danach, dass andere von sich aus dir entgegenkommen? Kämst du dir beim Zugeben eines Wunsches verächtlich bedürftig vor? Bedeutet Äußern einer Bitte für dich so etwas wie Betteln, Almosen begehren? Befürchtest du, damit als aufdringlich zu gelten, so als ob du jemand bedrängen würdest?

Ist dir dies als Kind so widerfahren, dass du auf einen Wunsch hin statt eines Ja oder Nein nur Schelte als Antwort geerntet hast? Willst du so etwas nie wieder erleben? Ziehst du deshalb vor, dich bedürfnislos vorm andern zu geben? Bemühst du dich seither, allein mit allem fertig zu werden, so dass du keiner Hilfe bedarfst? Wirst du böse auf dich, wenn dir dies nicht immer gelingt?

Wenn du mit einer Bitte nicht bettelnd dastehen willst, kannst du sie auch aufrecht beim andern vorbringen. Als Mensch hast du das Recht, immer wieder einmal bedürftig zu sein.

Überempfindlich

Hältst du dich für überempfindlich? Was meinst du damit? Hast du den Eindruck, dass dein Empfinden manchmal über das hinausgeht, was der momentane Anlass hergibt? Überrascht dich dies nur und macht dich neugierig, wieso? Oder bist du dir deshalb gram und findest dich damit nicht in Ordnung?

Wenn du dich überempfindlich nennst, bist du wohl fähig, viel zu empfinden. Aber erlebst du in bestimmten Situationen übermäßig viel, mehr, als was du verständlich findest? – Wirst du dabei an einer Stelle berührt, wo du von woanders her auch schon verwundet bist? Ist dir früher oft Ähnliches widerfahren? Und wenn du darüber traurig oder wütend warst, bist du dann noch verspottet worden: »Weinbubi, Heulsuse!«, »Zornigel!«? Hast du deshalb nach und nach vorgezogen, entsprechende Gefühle in dir zu verwahren? Wenn nun durch neue Verletzung in deiner Seele noch etwas dazukommt: Wundert es dich, dass dann so etwas wie Überlaufen erfolgen will? Wenn du dies dann aber wieder nicht zulässt und niemals, nirgends, wirst du randvoll bleiben mit manchen Gefühlen.

Ja, deine momentane Empfindung mag über das hinausgehen, was ein jetziger Anlass hergibt. Aber willst du dir dies weiter als überempfindlich verbieten? Wenn du stattdessen deine Empfindungen achtest und sie bewusst jeweils zulässt, wirst du allmählich dich wohler fühlen und weniger über die Maßen empfindlich sein.

Lächerlich

Hast du Angst, dich lächerlich zu machen, wenn du dich offen zeigst? Magst du nicht lächerlich dastehen? Aber wie kommst du dazu?

Wenn dir Lächerlich-Sein Angst macht, empfindest du wohl schlimme Enge bei dieser Vorstellung. Ist dir doch wichtig, ernst genommen zu werden? Und wie sorgst du bisher für dich? Nimmst du dich selbst ernst, indem du dein Eigenes achtest und zur Geltung bringst? Sagst du jemand, der dich dafür auslacht, Bescheid, dass du das nicht duldest? Oder schränkst du dich lieber von vornherein selbst ein, damit niemand dich auslachen kann? Neigst du dazu, Ausgelacht-Werden, falls dies passiert, dir selbst anzulasten?

Freilich, wenn du mit dem Auslacher über dich mitlachst, machst du dich lächerlich, du dich selbst; aber auch nur dann. Wenn du dies unterlässt, ist fremdes Lachen für dich nicht gefährlich. Dann kannst du selbst wieder besser lachen.

Sich vorkommen

Wie du dir vorkämest, wenn du so hervorkommen würdest, wie dir ehrlich zumute ist?! Heißt das: Lieber wäre dir schon, freimütig auftreten zu können; aber käme dir dies anstößig vor? Darf eine Lebensäußerung, an der sich andere stoßen könnten, bei dir nicht vorkommen?

Und diese Einschränkung, wo kommt sie her? Ist sie ein Herzens-Anliegen aus deinem eigenen Innern oder überkommt sie dich eher von woanders her? Klingt dir von früher Verurteilung im Ohr für unbefangenes Dasein? Hast du dir angewöhnt selbst zu zensieren, was zum Vorschein kommen darf bei dir und was nicht? Erhoffst du dir ein milderes Urteil, wenn du anderen damit zuvorkommst?

Selbstherrlich kommst du bestimmt niemand vor, wenn du darauf verzichtest, »herrlich« selbst aufzutreten: Braver Diener deines guten Rufes. Aber gefällt es dir auch, dich einzuschränken wie ein Knecht? Oder wäre es für dich doch eher herrlich, hervorzukommen als dein eigener Herr? Und bist du Letzteres nicht oder nur dann nicht, wenn du dich damit plagst, wie du dir vorkommen würdest?

Peinlich

Ist dir oft etwas peinlich? – Woher kommt die Pein? Wer bereitet sie wem?

Bist du es nicht selbst, der sich peinigt? Quälst du dich mit Scham für manches bei dir? Aber tust du dies gern, aus bewusstem Wollen, oder gibt es für dich ein marterndes Muss? Ist einst verlangt worden, dich zu schämen, wenn du nur ehrlich geredet, gehandelt hast? War es ratsam, dies Gebot dir zu Eigen zu machen? Bist du entsprechend gewohnt, dich mit Scham zu peinigen? Fragst du gar nicht mehr, ob es dir gut tut?

Aber manches ist peinlich, beteuerst du; »unverschämt darf man doch nicht leben.« So hast du wohl gelernt, offenes Verhalten dir als schändlich zu verbieten? Plagst du dich weiter damit, wie andere über dich urteilen könnten? Gefällt dir zwar Letzteres nicht, aber siehst du keine andere Möglichkeit, dir Peinlichkeit zu ersparen, als dass du prophylaktisch dich selber peinigst?

Du kannst einem möglichen Peiniger nach altem Muster mit Scham begegnen. Du kannst heute aber auch so jemand eine Abfuhr erteilen, falls er dich schilt. Wenn dies ungewohnt, aber reizvoll frech für dich ist, kannst du es üben. Dann wird dir immer weniger peinlich sein.

Versagen

Plagt dich öfter der Gedanke, du hättest versagt mit dem, was du gesagt oder getan hast? Getraust du dir manches nicht zu tun aus Angst, dann als Versager dazustehen? Befürchtest du solches, wenn du nicht garantieren kannst, dass du es schaffst? Welches Es? Das, was dir möglich ist, oder das, was du meinst, schaffen zu müssen?

– Versagt eine Blaumeise in deinen Augen, wenn sie es nicht schafft, wie ein Falke im Flug auf der Stelle zu stehen? Sprichst du von einem Fluss als Versager, wenn er nicht schnurgerade fließt wie ein künstlicher Kanal? –

Bist du jedoch gewohnt, falls jemand anders dich als Versager hinstellt, so stehen zu bleiben, diese Haltung selbst anzunehmen? Hast du zwar Angst, als Versager abgestempelt zu werden, und magst dies offensichtlich nicht? Aber neigst du dazu, falls jemand so einen Stempel dir aufdrücken will, ihn widerwillig hinzunehmen? Siehst du als Alternative nur, vorbeugend nichts zu sagen, nichts zu tun? – Ist dir schon auch gelegentlich danach, etwas anderes zu sagen, als was erwartet wird? Würdest du auch mal jemandes Wunsch ihm versagen wollen? Aber meinst du, all dies wäre verboten und du wärst damit verloren?

Du kommst in die Not, nicht versagen zu dürfen, wenn du dir selbst versagst, das Deinige zu sagen. Du befreist dich vom Versagen, je mehr du dir erlaubst, einfach das zu sagen, was dir möglich ist.

Fehler begehen

Fehler begehen, ist dies für dich etwas Schlimmes? Scheust du dich vor Fehlern?

Fehler? Was verfehlst du damit? Wenn du handelst, wie es dir möglich ist, verfehlst du dann dich? Oder verfehlst du allenfalls ein äußeres Ziel, einen vorgegebenen Termin oder die Erwartung von jemand anders oder auch von dir selbst? Aber meinst du dann, du hättest eine sträfliche Verfehlung begangen? Verurteilst du dich selbst entsprechend dafür?

Gehst du absichtlich mit dir so um, oder kennst du es nur nicht anders? Fehlt dir die Erfahrung, dass deine Schritte so, wie sie dir gelingen, Anerkennung verdienen? Ist dir fremd, dass du ausprobieren kannst; dass du das Ergebnis deiner Schritte jeweils prüfen, immer weitere Schritte tun und dich im Leben so vorwärts tasten kannst?

Wenn du einen Fehler machst, mag dies zwar heißen, dass du dein Ziel im Moment noch verfehlst. Aber musst du dir dies übel nehmen? Du kannst es auch als Gelegenheit nützen, noch dazuzulernen.

Mit etwas nicht umgehen können

Findest du manchmal, dass du mit etwas nicht umgehen kannst? Wenn dies so ist: Gehst du dabei mit dem Gemeinten schlechthin nicht um? Oder beginnst du zu merken, dass dein seitheriger Umgang mit etwas für dich nicht gut ist?

Benützt du dies Merken, um dann genau zu ergründen, wie du seither tatsächlich reagierst? Oder verwendest du es eher gegen dich und erklärst dich für unfähig, mit etwas umgehen zu können? – Eigentlich könnte die Feststellung, dass du mit etwas nur schlecht umzugehen verstehst, doch nützlich sein. Aber ist dir fremd, dann mit wohlwollendem Interesse für dich zu schauen, wie du bis jetzt reagierst? Versäumst du so zu entdecken, welcher Umgang mit etwas es ist, der dir nicht gut tut? Bleibt dir dabei verborgen, dass du seither auf manches immer noch anspringst wie von früher gewohnt? – Wie willst du, wenn du dies nicht siehst, es ändern können?

Finden, dass du mit etwas nicht umgehen kannst, macht es dir möglich, damit anders umgehen zu lernen. Dies gelingt dir umso besser, je mehr du dich freundlich dafür interessierst, welche seitherige Reaktion es ist, die dir inzwischen nur schadet.

Sich nicht akzeptieren können

Kannst du dich nicht akzeptieren, so, wie du dich vorfindest? Meinst du, so wie du bist, kannst du es dir nicht herausnehmen, zu dir Ja zu sagen? Leidest du darunter?

Wenn du darunter leidest, scheinst du nicht freiwillig so mit dir umzugehen. Richtest du dich dabei nach fremder Vorgabe? Aber ist dir dies nicht bewusst? Bist du so gewohnt, als nicht liebenswert zu gelten, dass du blindlings dich selbst entsprechend behandelst? Wenn es dir aber offensichtlich nicht wohl dabei ist: Gibt es etwas, was dich dennoch dazu verleitet? Erhoffst du dir vielleicht etwas davon? War es einst ratsam, Anpassung zu zeigen, um wenigstens dadurch etwas Harmonie zu erreichen? Hast du dir angewöhnt, selbst dich für nicht gut genug zu halten, um damit von anderen eher akzeptiert zu werden?

Akzeptiert zu werden ist dir offensichtlich wichtig. Du kannst dich weiter anstrengen, so zu werden, wie du es irgendwo als Voraussetzung abliest, um dich akzeptieren zu dürfen. Du kannst dir aber auch selbst erlauben, dich zu achten, gleich jetzt, so wie du bist. Dann kommst du mühelos zur Freude, dich akzeptieren zu können.

Sündenbock sein

Leidest du darunter, Sündenbock zu sein? Findest du dich immer wieder in dieser Rolle?

Schiebt jemand anders diese Rolle dir zu? Und wenn, stellst du dann klar, dass sie dir nicht entspricht, oder nimmst du sie widerwillig an? – Rutscht du selbst in diese Rolle, sobald jemand in deiner Nähe unzufrieden ist? Hältst du es überwiegend für deine Verantwortung, ob deine Nächsten sich wohlfühlen? Bist du gewohnt, dich für die Ursache zu halten, wenn du andere unglücklich siehst?

Musstest du früher oft als Sündenbock herhalten? Bist du auf diese Weise am ehesten beachtet worden? Brauchst du jetzt die Vorstellung, nur wegen dir geht es jemand schlecht, um dich wichtig zu erleben? Greifst du selbst nach der Sündenbock-Rolle, weil du befürchtest, sonst keine Rolle zu spielen?

Wenn dir die Sündenbock-Rolle lästig ist, liegt es an dir, aus ihr herauszugehen. Das kannst du, wenn du deine Wichtigkeit nicht davon abhängig machst. Sie zählt – was dir vielleicht nicht genügend bewusst ist – ohnedies. Auch wenn du dir eingestehst, dass dein Handeln für das Wohlergehen anderer nicht alles entscheidet, hast du im Leben deine eigene Rolle.

Schlechtes Gewissen bekommen

Hast du mit schlechtem Gewissen ein Problem? Bekommst du solches immer wieder? Getraust du dir manches nicht zu tun, um dem vorzubeugen? Kannst du das, was du tust, aus schlechtem Gewissen nur halb genießen?

Schlechtes Gewissen, was meinst du damit? Ist es das Wissen, dass dein Handeln schlecht ist: wenn du erkennst, dass du jemand, der auf deine Hilfe angewiesen ist, mutwillig links liegen lässt; wenn du jemandem ernsthaft schadest mit einem bestimmten Tun?

Oder nennst du schlechtes Gewissen das, was bei dir abläuft, wenn dein Handeln für jemand anders – nur – bitter ist? Wägst du in einem solchen Fall ab, ob du dies jetzt berücksichtigen oder dich dennoch durchsetzen willst? Oder vermeidest du, dich bewusst zu entscheiden und zu deinem Willen zu stehen? Handelst du, wenn, dann nur halbherzig und verurteilst gleichzeitig dein Tun? Aber geschieht dies, weil gewohnt, keineswegs bewusst? Trägst du von irgendwoher die Meinung in dir, du wärst schlecht, sobald dein Handeln anderen nicht gefällt? Fügst du dir dementsprechend Gewissensbisse selbst zu – um damit von außen einen Freispruch zu bekommen?

Wenn dich schlechtes Gewissen plagt, tust du gut daran, zu schauen, wovon du es bekommst. Falls du bemerkst, dass du selbst schlecht über dich urteilst, hast du Gelegenheit, in diesem Moment damit aufzuhören.

Schuld haben

Möchtest du auf keinen Fall Schuld haben? Meinst du, dass dies nicht passieren dürfte?

Befürchtest du, dass dich Schuld sonst ständig verfolgt? Verfolgt: Läufst du weg von Schuld, auch wenn sie zu dir gehört? Vermeidest du alles, was dich an Schuld erinnern könnte? Willst du mit solcher nichts zu tun haben? – Und meinst du mit *Schuld* deinen Anteil an einem für jemand schmerzlichen Geschehen? Oder bedeutet dir Schuld immer schon Strafe, Ausgeschlossen-Werden?

Wie gehst du mit dir um, wenn du nicht umhin kannst, Schuld bei dir zu sehen? Kennst du es nicht anders, als dich dann zu verdammen? Meinst du von irgendwoher, dass du dies musst? Hältst du dich für verurteilenswert, wenn du dein gestriges Tun heute nicht mehr billigen kannst? Machst du dir selbst Vorwürfe, statt zuzulassen, dass dir etwas Leid tut, und zu schauen, wie du jetzt handeln willst? Gibst du andererseits dir Mühe, dich zu entschuldigen, um deine Schuld weg zu bekommen? Versuchst du, dich zu rechtfertigen für dein Tun? Ist dir das Recht doch wichtig, auch mit deiner Schuld weiter da sein zu dürfen? Aber wartest du eher auf Recht-Sprechung vom andern, als dass du selbst dir das Recht nimmst, aufrecht zu deiner Schuld zu stehen und gegebenenfalls mitzuteilen, was dir Leid tut?

Wenn du deine Beteiligung an der Verletzung von jemand anerkennst, gestehst du dir ein, dass du Schuld hast. Damit unterwirfst du dich nicht einer möglichen Verurteilung. Vielmehr befreist du dich mit dem Anerkennen deiner Schuld vom Kämpfen-müssen-gegen-Schuld. Deine Energie wird frei für neues Leben.

Verzweifelt

Bist du am Verzweifeln? Hat Verzweiflung dich im Griff?

Erlebst du es quälend, so verzweifelt zu sein, aber treibt dich etwas an, an allem zu zweifeln? Stellst du in Frage, ob du dich gelten lassen darfst, wie du dich vorfindest? Verurteilst du dich, als hättest du alles falsch gemacht? Verwirfst du dein ganzes seitheriges Leben? Misstraust du dir selbst, ob du je auf einen grünen Zweig kommst mit deinem Tun? Malst du dir alles nur noch schwarz aus? Glaubst du nicht, dass es jemals wieder Licht gibt?

Klammerst du – verzweifelnd – eine von zwei Möglichkeiten aus?: Die Möglichkeit, dass es auch anders sein kann? Meinst du, dass es immer so bleiben muss, wie es jetzt ist? Und wenn du die Ungewissheit, wie es weitergeht, eintauschst gegen die vermeintliche Gewissheit zukünftiger Finsternis – wird es dadurch jetzt heller? Oder gerätst du dadurch voll in Verzweiflung?

Deine Verzweiflung: Ist sie nicht ein Zeichen, dass das viele Zweifeln – von dem du meinst, du müsstest es pflegen – deinem Leben zuwider ist?

Spielraum durch Bei-sich-Sein

»Alle Bücher dieser Welt
Bringen dir kein Glück,
Doch sie weisen dich geheim
In dich selbst zurück.

Dort ist alles, was du brauchst,
Sonne, Stern und Mond,
Denn das Licht, danach du frugst,
In dir selber wohnt.

Weisheit, die du lang gesucht
In den Bücherein,
Leuchtet jetzt aus jedem Blatt –
Denn nun ist sie dein.«

Hermann Hesse

Merkwürdig

Erlebst du manchmal, dass dich jemand merkwürdig findet? Ist dir dies unangenehm? Hörst du darin etwas Abfälliges?

Ist es nicht merkwürdig, dass es Leute gibt, die nicht bereit oder fähig sind, von jemand Merkwürdigem die Würde seines Seins zu bemerken?

Magst du selbst nicht als *merkwürdig* gelten? Hältst du dich nicht für würdig, bemerkt zu werden? Was sagt dein Innerstes dazu? Ist es nicht ein würdeloser Umgang mit deinem Leben, wenn du es – obwohl dir anvertraut – verstecken willst; wenn du »dein Licht unter den Scheffel stellst«?

Dein Leiden kann sich in Freude verwandeln, wenn du dir den Genuss erlaubst aufzufallen.

Mit sich ins Reine kommen

Möchtest du mit dir ins Reine kommen? – Bist du seither mit dir nicht im Reinen?

Gibt es manches in dir, mit dem du nicht in Berührung kommen willst? Hast du Angst, sonst beschmutzt dazustehen? – Ist dies so, weil du Unreines in dir vorfindest oder weil du meinst, manches von deinem Innern als unrein bewerten zu müssen? Stehst du unter dem Anspruch, sauber deckungsgleich zu werden mit einer Vorgabe, was sein darf bei dir und was nicht?

Ist dir fremd, zu unterscheiden zwischen einer Regung in deinem Inneren und dem Umgang damit im Außen? Beurteilst du einen Impuls, ein Gefühl von dir wie tatsächliches Handeln: So, als wenn eine Mordswut-auf-jemand dasselbe wäre wie Ihn-Ermorden? Sperrst du deshalb manch eigene Regung lieber von vornherein aus deinem Bewusstsein aus? Aber kannst du dann bewusst entscheiden, was du mit ihr anfangen willst, wenn du sie gar nicht siehst? Kannst du, ohne Ja zu allem Erleben in dir, sauber damit umgehen?

Mit Aufhören, Eigenes zu verurteilen, und mit Wahrnehmen, was wahr bei dir da ist, ebnest du dir den Weg, um mit dir ins Reine zu kommen.

Im Einklang mit sich

Im Einklang mit sich, das hört sich gut an, denkst du? Aber erlebst du dich anders?

Hält Zwiespalt dich ab, mit dir einig zu sein? Möchtest du in Einklang mit dir leben, aber spaltest manches von dir als ungehörig ab: So als ob es nicht gehört werden, nicht zu dir gehören dürfte?

Wenn du mit deinem Klang eins werden möchtest: Gilt es dann nicht, dich entschieden auf eine, klanglich deine Seite zu stellen? Auch auf das Risiko von Disharmonie mit anderen, vielleicht aber nur von Mehrstimmigkeit?

Wenn du im Einklang mit dir sein willst: Was brauchst du anderes, als unverfälscht selbst zu erklingen?!

Sein lassen

Möchtest du eine Gewohnheit sein lassen, loslassen? Willst du aufhören mit etwas, von dem du merkst, dass es dir nicht gut tut? Aber schaffst du es nicht? Strengst du dich an, etwas dagegen zu machen, damit es dir nicht mehr passiert? Bist du ratlos, wie du es ein für allemal los wirst?

Es schaffen, etwas dagegen machen und *ein für allemal*: Geht es *so* vielleicht nicht? Aber kennst du nur Dich-Anstrengen als Weg? Bist du nur solchen Umgang mit dir gewohnt? Dem Leben in dir zu vertrauen, deinem Bedürfnis nach Wohlsein, erscheint dir dies zu wenig? – Traust du auch Knospen nicht zu, dass sie ohne Ziehen-daran zur Entfaltung kommen? – Aber hast du in Bezug auf dein eigenes Leben nicht genug erfahren dürfen, dass es von innen heraus nach Entwicklung drängt? Ist dir nicht vertraut, dass dich Interesse an einer Sache von selbst dazu bringt, mehr auf diese zu achten, und dass du so weiter kommst? Erscheint dir nur aussichtsreich, Forderungen zu erfüllen: »Das darf nicht mehr passieren!«? Aber ist dies heute der Weg, der dir förderlich ist? Oder wirst du durch solche Strenge verleitet, die Entdeckung vom gewohnten Verhalten *gegen* dich zu verwenden? Und magst du dann noch weiter entdecken, wann du wieder wie gewohnt reagierst?

Etwas-sein-Lassen, -Loslassen, setzt Zulassen voraus, dass etwas erst einmal sein darf. Durch freundliches Achten auf deine Gewohnheit wird sie dir öfter auffallen. Dann kann dein Erkennen *für* dich wirken: Du wirst den Impuls mitbekommen, das Schädliche jetzt loszulassen – jetzt, und immer wieder jetzt, wenn du es bemerkst.

Sein lassen kannst du, was du sein lässt.

Gesundheit

Ist dir Gesundheit ein kostbares Gut? Wünschst du dir mehr Gesundheit?

Gesund-Sein bedeutet Heil-Sein, Ganz-Sein. Ist das dein Anliegen, ganz zu werden; Ja zu sagen zu dir als Ganzem in körperlicher, seelischer und geistiger Hinsicht? Oder willst du nur wieder wie früher sein, der alte Mensch, wie bis gestern?

Hast du seither gelebt als ganzer Mensch? Bist du im Allgemeinen heil, ganz da? Gestehst du dir deine Bedürfnisse, Gefühle und Gedanken grundsätzlich zu? Lässt du sie gelten, wie sie sich melden, und entscheidest dann erst, bewusst, wie du mit ihnen umgehen willst? Oder verteufelst du von vornherein einiges vom Ganzen und duldest als heilig nur Teile? Versuchst du »negative« Gefühle, »egoistische« Keime immer gleich verschwinden zu lassen: Stopfst du sie in dich hinein, so dass du inzwischen prall davon voll bist? Ein Tropfen noch und du läufst über?!

Gesundheit, Heil-Sein hat eine Chance, wenn du Leben als heilig achtest: als wert, dass es sich in seiner Ganzheit entfaltet. Wenn du in dieser Weise zum Leben neu Ja sagst, magst du dich selbst wie neugeboren erleben. Heilung – nicht nur körperlich verstanden – kann geschehen, wenn du dich öffnest für die ganze Wirklichkeit des Seins.

In guter Stimmung

Gute Stimmung, die hättest du gerne. Verdirbt dir etwas die Stimmung? Stimmt manches nicht? Was stimmt denn wozu nicht?

Ist deine Stimmung durch Äußeres getrübt? Läuft alles anders, als du es möchtest? Vermisst du Übereinstimmung mit deiner Stimme? Gerätst du dadurch in Stimmungs-Schwankung; schwankst du, auf welche Stimme du mehr hören sollst, auf die Deine oder auf die von den andern? Meinst du, was nur von dir kommt, würde nicht stimmen? Aber bekommt es deiner Stimmung doch schlecht, wenn du aus Suche nach Harmonie dich davon abbringen lässt, deine eigene Stimme zu achten?

Oder bist du aus anderem Grunde verstimmt? Hältst du dich selbst für nicht stimmig, weil du verschiedene Töne, Klangfarben in dir wahrnimmst? Hast du die Erwartung an dich, du dürftest nur einstimmig tönen? Ist dir nicht vertraut, dass schon alles in dir einen Sinn hat, wie die verschiedenen Saiten eines Instrumentes, um das Lied deines Lebens ganz spielen zu können?

In guter Stimmung wirst du sein, wenn du deine verschiedenen Seiten beachtest und aufeinander abstimmst. Vollstimmig tönst du, wenn du beim Spielen alle mit einbeziehst. In gehobene Stimmung kannst du kommen, wenn du deine Stimme erhebst – so, wie es für dein Lied stimmt.

Zufriedenheit

Zufriedenheit, wünschst du dir solche? Von wem? Erwartest du sie von woanders her? Suchst du sie außerhalb von dir?

Zu Frieden kommst du, wenn du aufhörst zu kämpfen. Manches um dich herum ist immer anders, als du es möchtest. Du hast nicht auf alles den Einfluss, den du gern hättest. Doch wenn du gelten lässt, was du vermagst, wirst du Frieden finden in dir. Selber zufrieden brauchst du es weniger, andere zufrieden zu stellen. Gut gelaunt kannst du deinen Garten umfrieden neben deinen Nachbarn. Du wirst eher bereit sein, friedlich auf sie zuzugehen, und du wirst dann mehr Freundlichkeit ernten.

Zufriedenheit kannst du erfahren, wenn du zufrieden mit dir selbst bist. Aber meinst du, dass dir dies jetzt noch nicht zusteht? Glaubst du, vorher erst viel an dir arbeiten zu müssen? Hältst du manche Regungen oder Gefühle von dir für verkehrt? Ist dir nicht vertraut, dass sie alle auftauchen wollen, um dir Wichtiges zu melden? Hast du nicht gelernt, sie als Signale zu nehmen; als Hinweise darauf, wie eine Situation dir bekommt oder dein Umgang mit dir selbst?

Wahrnehmen, was kommt, von draußen und bei dir drinnen, trägt bei zu friedlichem Geschehen. Zugelassenes Erleben kann ohne Kampf sich verändern. Anerkennen, was ist, führt zum Frieden. Zufriedenheit stellt sich ein, wenn du Ja sagst zum Leben.

Erfolg haben

Hättest du gerne viel Erfolg? Ist dir daran gelegen, dir und anderen Erfolg zu wünschen? Und was heißt für dich *Erfolg*?

Nennst du Erfolg das, was jeweils als Wirkung deines Tuns tatsächlich erfolgt? Oder bewertest du als Erfolg nur, was einer bestimmten Erwartung von dir entspricht? Lässt du nur eine glanzvolle Folge deines Tuns gelten oder eine, die anderen gefällt? Folgerst du ausschließlich aus solchem Ergebnis deines Tuns, ob es sich gelohnt hat? Zählt es als solches für dich nicht, selbst wenn es aus innerem Antrieb erfolgt? Und die Freude bei deinem Tun: Siehst du auch darin keinen Gewinn?

Wenn du viel Erfolg haben willst in deinem Leben, kannst du dir einen Gefallen erweisen: Du hast mehr Erfolg, wenn du nicht nur ein bestimmtes Ergebnis deines Handelns, sondern dies als solches und alle Folgen davon in deiner Bilanz unter Haben verbuchst.

Vollkommenheit

Ist Vollkommenheit kein Thema für dich? Erscheint sie dir als unerreichbares Ziel? Oder wird dir gar unwohl, wenn wieder von ihr die Rede ist? Verbindest du mit Vollkommenheit Unmenschliches und mühselige Anstrengung? Siehst du bei dir eher alles andere als Vollkommenheit? Leidest du darunter, dich unvollkommen zu finden?

Freilich bist du nicht absolut vollkommen, losgelöst vom Universum betrachtet. Du hast teil an der Vollkommenheit: am Sein, wie es dauernd im Kommen, immer in Bewegung ist. So bist auch du voll von der Dynamik des Kommens, voll Drang, dein Leben zu entfalten. Oder bist du nicht voll *Kommen*: Regen sich nicht ständig Gefühle, Gedanken, Impulse in dir, die hervorkommen wollen? Bist du nicht *voll*kommen, wenn du dich mit dem zeigst, wovon du voll bist? Wenn dabei anderes zum Vorschein kommt, als was erwartet – von jemand anders oder von dir selbst – bist du dann *un*vollkommen?

Du wendest ein, du wärst noch nicht voll gekommen. Klar, du bist ja gerade im Kommen: Du lebst; du spürst den Antrieb in dir, auch künftig zu kommen. Immer neu willst du aus dir heraustreten, willst dich verwirklichen, wie es vom Leben dir zukommt. Und wie auch immer du kommst: Du bist vollkommen da, voll Kommen.

Sein – das auch in dir wirkt – ist ewig voll Kommen.

Da sein

Einfach da sein, – das würdest du gerne!

Sehnst du dich danach, einfach sein zu können, nur da zu sein, so wie du jetzt bist? Aber meinst du, das kannst du dir nicht leisten? Wieso? Darfst du nicht bloß sein, dein Leben genießen? Musst du dir dein Sein erst noch verdienen?

Wünschst du dir, manchmal Rast machen zu können? Möchtest du verweilen, wo du gerade bist, hingegeben an das, wonach dir jetzt ist? Aber geht es nicht? Kommt dir immer anderes in den Sinn: was vorher war, was du jetzt müsstest oder später noch zu erledigen wäre? Fühlst du dich gehetzt und getrieben?

Ist es das Leben, das dir kein Verweilen erlaubt? Gönnen andere dir nicht zu rasten? Oder will etwas in dir – aus alter Gewohnheit – es nicht zulassen, dass du dich mit deinem Herzen da niederlässt, wo es gerade verweilen will? Hetzt und treibst du unbewusst dich selbst, weil du von irgendwoher übernommen hast: Erwartet wird immer anderes, als wonach dir der Sinn steht?

Einfach da zu sein, einfach sein zu können, was fehlt dir dazu? – Gibt es dich noch nicht? Oder siehst du nicht, dass Sein dir geschenkt ist und du es einfach annehmen darfst?

Anhang

Literatur Zitate

S. 10:   Meister Eckhart, zitiert gefunden

S. 26:   Antoine de Saint-Exupéry aus »Worte wie Sterne«, Herder 1989

S. 46:   Martin Buber, zitiert gefunden

S. 62:   Wilhelm Busch, zitiert gefunden

S. 76:   Angelus Silesius, zitiert gefunden aus »Cherubinischer Wandersmann«

S. 92:   Ramana Maharshi, »Sei, was du bist!«, O.W. Barth Verlag

S. 106: Frederic Vester, »Denken, Lernen, Vergessen«, dtv 1978

S. 126: Hermann Hesse, »Bücher« aus »Das Lied des Lebens«, Suhrkamp 1986